I0012577

Cas Concrets Copilot IA M365

L'IA M365 appliquée

Jérôme Garcia

Cas Concrets Copilot IA M365

L'IA M365 appliquée

Publié par
Jérôme Garcia

ISBN
9798317024130

Droits d'auteur

Le contenu de ce livre est protégé par le droit d'auteur. Il est uniquement destiné à un usage personnel. Vous ne pouvez pas modifier, distribuer, vendre, utiliser, citer ou paraphraser une partie ou la totalité du contenu de ce livre sans le consentement de l'auteur ou de l'éditeur.

Tous droits de traduction, d'adaptation et de reproduction par tous procédés, réservés par tous pays. La loi du 11 mars 1957 n'autorisant, aux termes des alinéas 2 et 3 de l'article 41, d'une part, que les « copies ou reproductions strictement réservées à l'usage privé du copiste et non destinées à une utilisation collective », et d'autre part, que les analyses et les citations dans un but d'exemple et d'illustration, « toute représentation intégrale ou partielle, faite sans le consentement de l'auteur ou de ses ayants droit ou ayants cause est illicite » (alinéa 1er de l'article 40). Cette représentation ou reproduction, par quelque procédé que ce soit, constituerait donc une contrefaçon sanctionnée par les articles 425 et suivants du code pénal.

Avis de Non-Responsabilité :

En lisant ce document, le lecteur accepte que l'auteur ne soit en aucun cas responsable des pertes directes ou indirectes résultant de l'utilisation des informations contenues dans ce document, y compris, mais sans s'y limiter, les erreurs, omissions ou inexactitudes.

Copyright © Jérôme Garcia – Tous droits réservés

TABLE DES MATIÈRES

INTRODUCTION

Bienvenue dans un livre qui pourrait bien changer votre relation avec l'intelligence artificielle dans votre environnement de travail. Si vous tenez ce guide entre vos mains, c'est probablement parce que vous cherchez à comprendre comment tirer profit de Copilot M365 rapidement, sans vous perdre dans des concepts théoriques. Vous avez fait le bon choix.

Durant mes années de conseil et de formation auprès d'entreprises françaises, j'ai constaté un phénomène récurrent face à l'adoption de nouvelles technologies comme Copilot M365 : un mélange d'enthousiasme et de scepticisme. L'enthousiasme pour le potentiel promis, et le scepticisme né de la question "Mais concrètement, comment vais-je l'utiliser dans mon quotidien professionnel ?". Cette question légitime reste souvent sans réponse satisfaisante.

Ce livre est né précisément de ce constat. Il comble un vide entre les présentations commerciales qui vantent les mérites de l'IA sans entrer dans les détails pratiques, et les manuels techniques qui submergent l'utilisateur de fonctionnalités sans montrer leur application réelle au quotidien.

Mon approche est différente. Je pars d'un principe simple : vous n'avez pas besoin de comprendre les subtilités algorithmiques de l'IA pour en tirer profit immédiatement. Ce dont vous avez besoin, ce sont des cas d'usage concrets, directement applicables à votre travail, qui vous permettent de gagner du temps dès aujourd'hui.

J'ai structuré ce guide autour d'une promesse claire : vous montrer comment utiliser Copilot M365 pour obtenir un retour sur investissement rapide et mesurable. Chaque chapitre se concentre sur des applications pratiques dans différents outils de la suite Microsoft 365 : Outlook, Teams, Word, PowerPoint, Excel... Pour chacun, vous découvrirez des exemples précis que vous pourrez reproduire en quelques minutes.

La puissance de Copilot M365 réside dans sa capacité à s'intégrer naturellement dans vos outils de travail quotidiens. Contrairement à d'autres solutions d'IA qui nécessitent de sortir de votre environnement habituel, Copilot est là, directement dans vos applications Microsoft 365. Cette intégration transparente est une force considérable pour accélérer son adoption.

Qui peut bénéficier de ce guide ? Vous, si vous vous reconnaissez dans l'une de ces situations :

- Vous venez de découvrir Copilot et vous cherchez par où commencer
- Vous êtes un professionnel pragmatique qui veut voir des bénéfices tangibles avant d'investir du temps
- Vous êtes formateur interne et avez besoin de matériel concret pour former vos équipes
- Vous êtes simplement curieux de voir comment l'IA peut réellement s'appliquer à votre travail quotidien

Au fil de mes interventions, j'ai identifié les freins qui empêchent souvent les professionnels d'adopter pleinement des outils comme Copilot. Le principal ? L'absence d'exemples concrets adaptés à leur contexte professionnel. C'est précisément ce que je vous propose ici : une collection de cas d'usage testés et validés, issus d'expériences réelles avec des professionnels comme vous.

Permettez-moi de partager une anecdote révélatrice. Lors d'une formation auprès d'une équipe marketing, j'ai présenté comment utiliser Copilot pour générer rapidement une première version d'un communiqué de presse. La responsable de l'équipe, initialement sceptique, a été stupéfaite de voir qu'en moins de cinq minutes, elle avait obtenu une base solide qu'elle aurait mis normalement une heure à préparer. Ce n'est pas de la magie, c'est simplement savoir formuler la bonne demande au bon moment. Ce genre de "petites victoires" est exactement ce que je veux vous aider à obtenir.

Qu'allez-vous découvrir dans ce livre ? Une approche structurée pour intégrer Copilot dans votre quotidien professionnel :

Le premier chapitre vous aidera à activer les premiers gains de temps immédiats avec Copilot, notamment dans votre gestion d'emails et vos réunions Teams.

Le deuxième chapitre se concentre sur l'accélération de la création et la synthèse de contenus professionnels, que ce soit dans Word ou PowerPoint.

Le troisième chapitre vous montrera comment exploiter Copilot pour analyser et comprendre vos données, que ce soit dans Excel ou à partir de vos réunions Teams.

Le quatrième chapitre aborde l'optimisation de la collaboration et des processus métiers grâce à Copilot.

Enfin, le cinquième chapitre vous donnera les clés pour démontrer la valeur et justifier l'investissement dans Copilot M365 auprès de votre équipe ou de votre hiérarchie.

Ce qui distingue ce guide des autres ressources disponibles est son orientation résolument pratique. Vous n'y trouverez pas de longs développements théoriques sur le fonctionnement de l'IA générative, ni de spéculations sur son avenir. Mon objectif est simple : vous donner des outils que vous pouvez utiliser dès aujourd'hui pour gagner du temps et améliorer la qualité de votre travail.

Chaque technique présentée est accompagnée d'exemples de prompts précis que vous pouvez copier, adapter et utiliser immédiatement. J'explique également pourquoi ces prompts fonctionnent et comment les personnaliser pour vos besoins spécifiques. Cette approche "prêt à l'emploi" vous permettra d'éviter les tâtonnements et d'obtenir des résultats satisfaisants dès vos premières utilisations.

Au-delà des techniques, je partage également mon expérience sur les pièges à éviter et les limites actuelles de Copilot. Car oui, comme tout outil, il a ses forces et ses faiblesses. Mon rôle est de vous guider vers les usages où il excelle, tout en vous alertant sur les situations où d'autres approches pourraient être plus appropriées.

Un mot sur ma démarche : tous les exemples présentés dans ce livre sont issus de situations professionnelles réelles rencontrées lors de mes formations et accompagnements. J'ai sélectionné ceux qui ont généré les gains les plus significatifs et les plus immédiats pour mes clients. Ce n'est pas de la théorie, ce sont des cas d'usage éprouvés.

Je suis convaincu que la véritable révolution de l'IA en entreprise ne viendra pas des innovations technologiques spectaculaires, mais de l'adoption massive de petites améliorations quotidiennes qui, cumulées, transforment notre façon de travailler. C'est cette vision que je souhaite partager avec vous à travers ce guide.

Ma promesse est simple : après la lecture de ce livre et l'application de quelques techniques ciblées, vous serez en mesure de gagner au moins 30 minutes par jour sur vos tâches courantes. Ce gain peut sembler modeste, mais multipliez-le par le nombre de jours travaillés dans l'année, et vous obtiendrez un retour sur investissement considérable, tant en termes de temps que de qualité de vie professionnelle.

Alors, êtes-vous prêt à découvrir comment Copilot M365 peut transformer votre quotidien professionnel ? Pas à travers des promesses futuristes, mais par des applications concrètes, aujourd'hui, maintenant ? Tournez la page, et commençons ensemble ce voyage vers une productivité augmentée par l'IA, sans complexité inutile.

Je vous invite à parcourir ce guide de façon pragmatique. Vous n'êtes pas obligé de le lire linéairement du début à la fin. Naviguez directement vers les chapitres qui répondent à vos besoins les plus pressants. Testez les suggestions, adaptez-les à votre contexte, et observez les résultats. L'important n'est pas de tout appliquer, mais de trouver les deux ou trois cas d'usage qui vous feront gagner un temps précieux chaque jour.

Ce livre n'est pas destiné à faire de vous un expert en IA, mais à vous rendre plus efficace dans votre travail quotidien grâce à Copilot M365. C'est une nuance importante. L'objectif n'est pas la maîtrise technologique pour elle-même, mais l'amélioration tangible de votre productivité et de la qualité de vos livrables.

Dans un monde professionnel où le temps est notre ressource la plus précieuse, chaque minute gagnée est une victoire. Les techniques présentées dans ce guide vous permettront d'accumuler ces petites victoires jour après jour, construisant progressivement un nouveau rapport à votre travail, plus fluide, plus efficace, et souvent plus satisfaisant.

Embarquez avec moi dans cette exploration pratique de Copilot M365. Pas de grands discours, pas de promesses irréalistes, juste des cas concrets pour un retour sur investissement immédiat. C'est la promesse de ce guide, et je m'y tiendrai.

Dépasser le Scepticisme Initial face à Copilot M365

Identifier Vos Freins Personnels à l'Adoption de l'IA

Lors de mes formations sur Copilot M365, je remarque systématiquement une première phase que j'appelle "le mur du scepticisme". Vous la reconnaîtrez peut-être : ce moment où, face à une nouvelle technologie qui promet monts et merveilles, une petite voix intérieure vous souffle "est-ce vraiment pour moi ?". Cette réaction est parfaitement normale et même saine. Après tout, vous avez probablement déjà vu défiler des innovations censées révolutionner votre travail, mais qui ont finalement créé plus de complications que de solutions.

Avant d'explorer les cas concrets d'utilisation, prenons quelques instants pour identifier vos freins personnels face à l'adoption de Copilot M365. Cette étape est cruciale car elle vous permettra de cibler précisément les domaines où cet outil peut réellement vous apporter de la valeur, plutôt que de vous disperser.

Ma première question pour vous est simple : qu'est-ce qui vous retient vraiment d'utiliser Copilot aujourd'hui ? J'ai identifié cinq freins majeurs chez les professionnels français que j'accompagne. Voyons si vous vous reconnaissez dans l'un d'eux.

Le premier frein, et sans doute le plus répandu, est la crainte du temps perdu. "Si je dois passer des heures à comprendre comment fonctionne cet outil, est-ce que j'y gagnerai vraiment au final ?" Cette question est légitime. Dans un contexte professionnel où chaque minute compte, investir du temps dans une technologie sans garantie de retour concret peut sembler risqué. Ce guide est justement conçu pour minimiser ce temps d'apprentissage en vous présentant directement les cas d'usage à fort impact.

Le deuxième frein concerne la pertinence pour votre métier spécifique. "Je ne vois pas comment l'IA peut m'aider dans mon travail quotidien de [votre métier]." J'entends régulièrement cette objection, qu'il s'agisse de commerciaux, de responsables RH ou de chefs de projet. La bonne nouvelle ? Copilot s'intègre directement dans vos outils Microsoft 365 habituels et peut s'adapter à pratiquement tous les métiers qui utilisent ces applications. Plus loin dans ce guide, vous découvrirez des exemples ciblés pour différents profils professionnels.

Le troisième frein relève de la complexité perçue. "Je ne suis pas un expert en technologie, l'IA me semble trop complexe." Si vous ressentez cela, sachez que vous n'êtes pas seul. De nombreux utilisateurs imaginent qu'il faut maîtriser un jargon technique ou comprendre les algorithmes pour tirer parti de Copilot. La réalité est tout autre : si vous savez formuler une demande claire en français courant, vous pouvez utiliser efficacement cet outil.

Le quatrième frein touche à la qualité des résultats. "Est-ce que Copilot va vraiment produire quelque chose d'utilisable, ou vais-je devoir tout reprendre ?" Cette méfiance est compréhensible, surtout si vous avez déjà expérimenté d'autres outils d'IA générative avec des résultats mitigés. L'intégration native de Copilot dans l'écosystème Microsoft 365 lui confère un avantage majeur : il a accès à vos documents, vos emails, votre calendrier et votre contexte professionnel, ce qui améliore considérablement la pertinence de ses réponses.

Enfin, le cinquième frein concerne la justification de l'investissement. "Comment vais-je démontrer que cet outil vaut son prix ?" Dans un contexte économique contraint, cette préoccupation est particulièrement prégnante. Le chapitre 5 de ce guide est entièrement dédié à cette question et vous fournira des méthodes concrètes pour mesurer et présenter le ROI de Copilot.

Au-delà de ces freins généraux, je vous invite à prendre un moment pour réfléchir à vos obstacles personnels. Peut-être s'agit-il d'une mauvaise expérience passée avec un outil similaire ? Ou d'une appréhension quant à l'impact sur votre façon de travailler ? Noter ces freins vous aidera à les aborder consciemment et à les surmonter plus facilement.

Un exercice que je propose souvent lors de mes formations consiste à remplir un tableau à deux colonnes. Dans la première, listez vos tâches quotidiennes qui vous semblent chronophages ou répétitives. Dans la seconde, indiquez le temps moyen que vous y consacrez chaque semaine. Cet exercice vous permettra d'identifier rapidement les domaines où Copilot pourrait vous faire gagner un temps précieux.

Par exemple, un responsable marketing avec qui j'ai travaillé a réalisé qu'il passait près de 5 heures par semaine à rédiger des briefs et des comptes-rendus. En utilisant Copilot pour accélérer ces tâches, il a pu récupérer environ la moitié de ce temps dès les premières semaines d'utilisation.

Un autre frein, plus subtil mais tout aussi puissant, est ce que j'appelle "le syndrome de l'imposteur technologique". Cette sensation de ne pas être suffisamment à l'aise avec la technologie pour exploiter pleinement un outil comme Copilot. Si vous ressentez cela, rappelez-vous que l'une des forces de Copilot est justement sa capacité à s'adapter à votre niveau de compétence. Vous pouvez commencer par des demandes simples et évoluer progressivement vers des utilisations plus sophistiquées à mesure que votre confiance augmente.

La résistance au changement joue également un rôle important dans l'adoption de nouvelles technologies. Nous avons tous nos habitudes de travail, nos méthodes éprouvées, et introduire un nouvel outil peut bousculer cet équilibre. Pour surmonter cette résistance, je vous conseille de commencer petit : choisissez une seule tâche simple et utilisez Copilot exclusivement pour celle-ci pendant une semaine. Cette approche progressive vous permettra d'intégrer l'outil dans votre routine sans sensation de rupture brutale.

Les préoccupations concernant la sécurité et la confidentialité des données constituent un autre frein majeur, particulièrement en France où la sensibilité à ces questions est forte. "Que devient l'information que je partage avec Copilot ? Mes données sont-elles protégées ?" Ces questions sont légitimes et méritent d'être adressées. Microsoft a mis en place des garanties concernant la confidentialité des données traitées par Copilot M365. En tant qu'outil intégré à votre environnement professionnel Microsoft 365, il bénéficie des mêmes protections et respecte les mêmes réglementations, notamment le RGPD.

La peur de la dépendance technologique constitue également un frein psychologique important. "Si je m'habitue à utiliser Copilot, vais-je perdre certaines compétences ?" Cette inquiétude touche particulièrement les professionnels qui valorisent leur expertise dans la rédaction, l'analyse ou la création de contenus. Ma réponse est simple : Copilot est un assistant, pas un remplaçant. Il vous aide à produire plus rapidement, mais le jugement final, l'expertise métier et la décision restent les vôtres. Pensez à Copilot comme à un amplificateur de vos compétences plutôt qu'à un substitut.

Un exercice intéressant consiste à vous projeter dans un futur où vous utilisez régulièrement Copilot. Quelles tâches souhaiteriez-vous qu'il prenne en charge ? Quelles compétences voudriez-vous consacrer davantage de temps à développer ? Cette projection positive peut transformer vos appréhensions en motivation.

Les barrières linguistiques peuvent aussi constituer un frein, même si Copilot fonctionne remarquablement bien en français. Certains utilisateurs craignent que la qualité des résultats soit inférieure dans notre langue par rapport à l'anglais. Mon expérience montre que Copilot M365 offre des performances très satisfaisantes en français, particulièrement pour les cas d'usage professionnels courants.

L'anxiété face à l'automatisation est un autre frein émotionnel puissant. "Est-ce que cet outil va finir par rendre mon poste obsolète ?" Cette crainte, bien que compréhensible, repose souvent sur une conception erronée de ce que peut réellement faire l'IA aujourd'hui. Copilot n'est pas conçu pour remplacer les travailleurs, mais pour les libérer des tâches à faible valeur ajoutée. Les entreprises qui l'adoptent cherchent généralement à redéployer le temps gagné vers des activités plus stratégiques.

Pour identifier vos freins personnels de manière plus structurée, je vous propose une liste de questions à vous poser :

- Quelle est ma plus grande crainte concernant l'utilisation de Copilot ?
- Quelle tâche me semble impossible à confier à un outil d'IA ?
- Qu'est-ce que je redoute de perdre en adoptant cette technologie ?
- Quel est mon niveau de confort actuel avec les outils Microsoft 365 ?
- Ai-je déjà eu des expériences négatives avec d'autres outils d'IA ?

En répondant honnêtement à ces questions, vous clarifierez vos appréhensions spécifiques et pourrez les aborder de manière ciblée.

J'ai accompagné une directrice financière qui craignait que les analyses générées par Copilot manquent de rigueur. Pour dissiper cette inquiétude, nous avons commencé par comparer des analyses produites manuellement avec celles générées par l'outil. La qualité des résultats l'a convaincue d'intégrer progressivement Copilot dans son workflow, en commençant par les tâches les plus simples.

Une approche efficace pour surmonter les freins est de structurer votre adoption de Copilot en trois phases : découverte, expérimentation et intégration. Pendant la phase de découverte, explorez simplement les possibilités sans pression de résultat. Durant l'expérimentation, testez l'outil sur des tâches non critiques. Enfin, lors de l'intégration, incorporez Copilot dans votre workflow quotidien pour les tâches où vous avez constaté des bénéfices tangibles.

La pression sociale ou organisationnelle peut aussi représenter un obstacle. Dans certaines cultures d'entreprise, l'utilisation d'outils d'IA peut être perçue comme un "raccourci" ou un manque de rigueur. Si vous rencontrez ce type de résistance, le chapitre 5 vous aidera à construire un argumentaire solide basé sur des résultats concrets plutôt que sur des promesses abstraites.

En identifiant clairement vos freins personnels, vous pourrez les aborder méthodiquement et transformer potentiellement ces obstacles en opportunités d'amélioration. C'est précisément l'objectif des chapitres suivants : vous montrer comment Copilot peut répondre à vos besoins spécifiques et vous aider à surmonter ces limitations initiales.

Rappelez-vous que le scepticisme n'est pas négatif en soi. Il vous pousse à être exigeant et à évaluer objectivement la valeur réelle de l'outil dans votre contexte. Ce guide est justement conçu pour répondre à cette exigence, en vous présentant des cas d'usage concrets et immédiatement applicables. La prochaine section vous aidera à visualiser concrètement le potentiel de retour sur investissement rapide que Copilot peut vous apporter au quotidien.

VISUALISER LE POTENTIEL DE ROI RAPIDE DE COPILOT POUR VOTRE QUOTIDIEN

Les chiffres ne mentent pas. Lors de mes formations, les participants qui s'engagent activement avec Copilot M365 rapportent un gain moyen de 30 à 45 minutes par jour sur leurs tâches administratives. Ce n'est pas un mirage technologique, mais un résultat mesurable que vous pouvez obtenir aussi. Voyons ensemble comment visualiser concrètement ce potentiel de retour sur investissement dans votre quotidien professionnel.

L'investissement dans Copilot M365 représente un coût significatif pour votre organisation ou pour vous si vous êtes indépendant. La licence actuelle s'élève à environ 30€ par utilisateur et par mois. Cette somme peut sembler conséquente au premier abord, surtout si vous multipliez par le nombre de collaborateurs concernés. La question devient alors : comment être certain que cet investissement sera rentabilisé rapidement ?

La première étape pour visualiser ce ROI consiste à quantifier votre temps actuel. Prenez une feuille de papier ou ouvrez un document et listez les tâches récurrentes qui occupent une part importante de votre journée. Soyez précis et notez le temps approximatif consacré à chacune sur une semaine. J'ai remarqué que nous sous-estimons systématiquement le temps passé sur certaines activités, particulièrement celles qui nous semblent fragmentées ou dispersées dans la journée.

Pour vous aider à identifier les zones à fort potentiel de gain, voici les catégories de tâches où mes clients constatent les économies de temps les plus significatives avec Copilot :

- **Gestion d'emails et communication écrite** : rédaction de réponses, synthèse de longs fils de discussion, création de templates
- **Préparation et suivi de réunions** : création d'ordres du jour, prise de notes, génération de comptes-rendus
- **Création de contenu** : premiers jets de documents, présentations, rapports, notes de synthèse
- **Analyse de données** : extraction d'insights à partir de tableaux Excel, génération de graphiques pertinents
- **Recherche d'information** : retrouver des éléments précis dans une masse de documents ou emails

Prenons un exemple concret : la rédaction d'un compte-rendu de réunion. Sans Copilot, cette tâche prend en moyenne 45 minutes pour une réunion d'une heure. Avec Copilot dans Teams, vous pouvez obtenir une première version structurée en moins de 5 minutes, qu'il vous suffira de vérifier et ajuster pendant 10 minutes supplémentaires. Résultat : un gain net de 30 minutes par réunion. Multipliez ce gain par le nombre de réunions hebdomadaires nécessitant un compte-rendu, et vous commencez à voir l'ampleur du ROI potentiel.

Un exercice que je recommande à tous mes clients consiste à calculer leur "taux horaire équivalent". Divisez votre salaire annuel chargé par le nombre d'heures travaillées dans l'année. Ce chiffre vous donne une idée claire de la valeur de chaque heure de votre temps pour l'entreprise. Par exemple, un cadre dont le coût global pour l'entreprise est de 80 000€ par an a un taux horaire équivalent d'environ 45€. Si Copilot lui fait gagner 30 minutes par jour, cela représente une économie potentielle de plus de 5 000€ par an, bien supérieure au coût de la licence.

La deuxième dimension du ROI concerne la qualité du travail produit. Copilot ne se contente pas de vous faire gagner du temps, il peut également améliorer la qualité de vos livrables. Un responsable marketing avec qui j'ai travaillé a constaté que ses briefs rédigés avec l'aide de Copilot étaient plus structurés, plus complets et généraient moins de questions de clarification de la part des équipes créatives. Cette amélioration qualitative, bien que plus difficile à quantifier, se traduit par moins d'allers-retours et une exécution plus fluide des projets.

Pour visualiser le ROI spécifique à votre contexte, je vous propose une approche en trois temps :

1. **Identification des tâches chronophages** : Listez les 5 tâches qui vous prennent le plus de temps chaque semaine et qui impliquent la création ou le traitement d'informations dans les outils Microsoft 365.

2. **Estimation du potentiel de gain** : Pour chaque tâche identifiée, estimez le pourcentage de temps qui pourrait être économisé grâce à Copilot. Soyez réaliste et prudent dans vos estimations initiales.

3. **Projection sur un an** : Calculez le gain de temps annuel potentiel et convertissez-le en valeur monétaire à l'aide de votre taux horaire équivalent.

La puissance de cette approche réside dans sa concrétude. Vous ne vous basez pas sur des promesses abstraites de productivité, mais sur une analyse précise de votre quotidien professionnel.

Un aspect souvent négligé du ROI concerne ce que j'appelle "le coût de l'inaction". Que se passe-t-il si vous n'adoptez pas Copilot alors que vos concurrents ou collègues le font ? Le risque n'est pas seulement de manquer des gains d'efficacité, mais aussi de voir s'élargir progressivement l'écart de productivité entre vous et ceux qui maîtrisent ces outils.

Lors d'un atelier avec une équipe commerciale, j'ai proposé un exercice simple pour visualiser ce potentiel : chronométrer la rédaction d'une proposition commerciale avec et sans Copilot. Le résultat a surpris même les plus sceptiques. Sans Copilot, la tâche prenait en moyenne 2h30. Avec Copilot, la même équipe a produit une proposition de qualité comparable en 1h15, soit un gain de temps de 50%. Pour une équipe qui rédige cinq propositions par semaine, cela représente plus de 30 heures économisées mensuellement.

L'aspect le plus fascinant du ROI de Copilot est son évolution dans le temps. Contrairement à de nombreux outils dont la courbe d'apprentissage est longue avant d'atteindre un plateau de productivité, Copilot offre des gains immédiats qui s'amplifient avec la pratique. Mes clients rapportent souvent des gains de temps de 15-20% dès les premières semaines d'utilisation, qui grimpent à

30-40% après quelques mois à mesure qu'ils affinent leurs prompts et intègrent l'outil dans leurs workflows.

Pour vous aider à visualiser ces gains progressifs, voici un exemple de trajectoire typique basée sur mes observations :

- **Semaine 1-2** : Familiarisation avec l'outil, gains ponctuels sur des tâches simples (15% de gain de temps sur les tâches ciblées)
- **Semaine 3-4** : Intégration dans les workflows quotidiens, utilisation plus systématique (20-25% de gain)
- **Mois 2-3** : Maîtrise des prompts, personnalisation pour vos besoins spécifiques (30-35% de gain)
- **Après 3 mois** : Utilisation avancée, combinaison avec d'autres méthodes de productivité (35-45% de gain)

Un responsable RH que j'accompagne a appliqué cette approche pour visualiser son ROI. Il a identifié que la rédaction de fiches de poste lui prenait environ 2 heures par poste. En utilisant Copilot pour générer une première version structurée à partir d'une description succincte, il a réduit ce temps à 45 minutes, tout en améliorant la cohérence entre les différentes offres. Pour son entreprise qui publie une vingtaine d'offres par mois, le gain représente plus de 25 heures mensuelles, soit pratiquement l'équivalent d'un mi-temps sur cette tâche spécifique.

Le potentiel de ROI varie naturellement selon les fonctions et les secteurs. Dans le cadre de mes formations, j'ai pu observer des différences significatives. Les professions qui manipulent beaucoup de contenu écrit, comme les fonctions marketing, communication, juridique ou RH, constatent généralement les gains les plus immédiats. Les métiers analytiques, comme la finance ou le contrôle de gestion, bénéficient particulièrement des capacités de Copilot dans Excel pour analyser rapidement des données complexes.

Pour affiner votre projection de ROI, prenez en compte votre profil utilisateur. Êtes-vous plutôt un "créateur de contenu", un "analyste de données", ou un "coordinateur" qui passe son temps en réunions et en communication ? Chaque profil tirera parti de Copilot différemment, avec des gains concentrés sur des applications spécifiques.

La valeur du temps libéré constitue le cœur du ROI. Que ferez-vous des minutes ou heures gagnées ? Cette question est fondamentale pour visualiser pleinement le potentiel de Copilot. Les réponses que j'entends le plus souvent sont :

- Se concentrer sur des tâches à plus forte valeur ajoutée (réflexion stratégique, innovation)
- Approfondir certains sujets qui manquaient de temps d'analyse
- Améliorer la qualité des interactions humaines (plus de temps pour le coaching, les relations clients)
- Réduire le stress et la pression temporelle
- Maintenir un meilleur équilibre vie professionnelle/vie personnelle

Un directeur financier avec qui j'ai travaillé m'a confié que le temps gagné grâce à Copilot lui permettait surtout de mieux préparer ses interventions en comité de direction, passant d'une posture réactive à une position plus stratégique et proactive.

Pour un ROI optimal, identifiez les "quick wins", ces cas d'usage simples qui génèrent des gains immédiats. J'en ai répertorié quelques-uns qui fonctionnent particulièrement bien dans le contexte professionnel français :

- **Dans Outlook** : Générer des réponses structurées à des emails complexes ou demander une synthèse d'un long fil de discussion
- **Dans Teams** : Obtenir un résumé automatique des points clés après une réunion enregistrée

- **Dans Word** : Créer des plans détaillés à partir d'une idée générale ou réorganiser un document existant
- **Dans PowerPoint** : Transformer un document Word en présentation structurée
- **Dans Excel** : Poser des questions en langage naturel sur vos données ("Quelles sont les 3 régions avec la plus forte croissance ?")

Ces cas d'usage ne nécessitent qu'une courte période d'apprentissage et offrent des résultats immédiatement visibles. Ils constituent une excellente porte d'entrée pour construire votre confiance dans l'outil et commencer à mesurer son impact sur votre productivité quotidienne.

La visualisation du ROI passe aussi par l'observation des collègues ou pairs qui utilisent déjà Copilot efficacement. J'encourage toujours la création de "cercles d'utilisateurs" où les membres partagent leurs meilleures pratiques et cas d'usage. Cette approche collaborative accélère considérablement la courbe d'adoption et maximise le retour sur investissement.

Ne sous-estimez pas l'impact positif sur votre bien-être professionnel. Plusieurs études montrent que la réduction des tâches administratives répétitives contribue significativement à la satisfaction au travail et à la prévention du burn-out. Ce bénéfice, bien que moins quantifiable directement, représente un aspect important du ROI global que peut générer Copilot dans votre quotidien professionnel.

Adopter l'Approche Pragmatique : Des Cas Concrets, Pas de Théorie

Comprendre la Philosophie "Action Immédiate" de ce Guide

La différence fondamentale entre ce guide et la plupart des ressources sur l'IA réside dans son orientation résolument tournée vers l'action immédiate. Je n'ai pas écrit ce livre pour vous impressionner avec des concepts théoriques complexes ou des perspectives futuristes. Mon objectif est simple et direct : vous donner les moyens de tirer parti de Copilot M365 dès aujourd'hui, sans détour, sans courbe d'apprentissage excessive.

Cette philosophie d'action immédiate est née de mon expérience sur le terrain. Lors de mes formations, j'ai constaté que les participants se divisent souvent en deux catégories : ceux qui parlent de l'IA et ceux qui l'utilisent. Les premiers passent des heures à discuter des implications théoriques, des limitations potentielles et des scénarios hypothétiques. Les seconds se concentrent sur l'application concrète, testent des prompts, obtiennent des résultats tangibles et ajustent leur approche. Devinez lesquels repartent avec une valeur ajoutée réelle ?

La "philosophie de l'action immédiate" que je vous propose repose sur cinq principes clés :

- **Priorité aux résultats tangibles** : Chaque technique présentée dans ce guide vise un bénéfice concret et mesurable, que ce soit un gain de temps, une amélioration qualitative ou une réduction de tâches fastidieuses.
- **Apprentissage par la pratique** : Vous apprendrez plus en testant un prompt pendant cinq minutes qu'en lisant des articles théoriques pendant une heure.
- **Itération rapide** : Essayez, observez les résultats, ajustez votre approche, recommencez. Cette boucle

d'apprentissage accélère considérablement votre maîtrise de l'outil.

- **Focus sur les "quick wins"** : Commencez par les cas d'usage qui offrent le retour sur investissement le plus immédiat pour créer un cercle vertueux d'adoption.
- **Contextualisation professionnelle** : Tous les exemples sont ancrés dans des situations professionnelles réelles, pas dans des scénarios artificiels.

Le marché regorge de livres qui vous expliqueront brillamment comment fonctionne l'IA générative, l'historique des modèles de langage, ou les implications éthiques de ces technologies. Ces ouvrages ont leur place et leur valeur. Mais ce n'est pas ce que vous trouverez ici. Mon approche est résolument utilitaire : je pars du principe que votre temps est précieux et que vous cherchez des solutions applicables dès maintenant.

Cette philosophie d'action immédiate se traduit concrètement dans la structure même de ce guide. Vous remarquerez que chaque chapitre est organisé autour d'applications spécifiques de Copilot dans différents contextes professionnels. Je ne vous demanderai jamais de mémoriser des concepts abstraits ou de comprendre les mécanismes internes de l'IA. Je vous montrerai plutôt comment formuler votre demande, où cliquer, et quels résultats attendre.

Un exemple concret de cette approche : plutôt que d'expliquer en détail comment Copilot analyse un texte pour en extraire les points clés, je vous présenterai directement le prompt "Résume ce document en 5 points principaux et identifie les actions à entreprendre" et vous montrerai comment l'utiliser dans Word pour gagner 20 minutes sur l'analyse d'un rapport. Cette orientation vers l'action plutôt que la compréhension théorique est délibérée.

Les entreprises françaises que j'accompagne sont confrontées à des défis de productivité constants. La pression sur les délais, la multiplication des réunions, l'inflation des emails, la nécessité de produire toujours plus de contenus... Dans ce contexte, nous n'avons pas le luxe de passer des semaines à nous familiariser avec un nouvel outil avant d'en tirer des bénéfices. L'approche "action immédiate" répond précisément à cette contrainte de temps.

Le risque principal lorsqu'on adopte une nouvelle technologie comme Copilot est ce que j'appelle "le syndrome du report perpétuel". "Je vais me former plus tard, quand j'aurai le temps." "Je vais explorer ça en profondeur le mois prochain." Ce type de pensée conduit généralement à une non-adoption. Ma philosophie est radicalement différente : commencez petit, mais commencez maintenant. Cinq minutes d'utilisation réelle valent mieux que dix heures d'intentions.

Pour illustrer cette approche, laissez-moi vous partager une expérience vécue. Lors d'un atelier avec une équipe de direction, j'ai proposé à chaque participant de tester une seule fonctionnalité de Copilot, directement applicable à leur travail. Le directeur commercial a utilisé Copilot dans Outlook pour résumer un long fil de discussion client. En trois minutes, il a obtenu une synthèse claire qu'il aurait mis 15 minutes à produire manuellement. Cette petite victoire a été plus convaincante que toutes les présentations théoriques précédentes.

La philosophie d'action immédiate implique également d'accepter l'imperfection des premiers résultats. Certains utilisateurs abandonnent après leur premier essai parce que le résultat ne correspond pas exactement à leurs attentes. Mon conseil : voyez plutôt ces premiers résultats comme une base de travail à affiner, pas comme un produit fini. Utilisez l'output de Copilot comme un point de départ que vous personnaliserez, et non comme une solution clé en main.

Pour tirer pleinement parti de cette approche, voici les attitudes à adopter en parcourant ce guide :

- **Testez en temps réel** : Gardez Copilot ouvert pendant votre lecture et testez immédiatement chaque exemple présenté.
- **Personnalisez les prompts** : Adaptez les exemples fournis à votre contexte professionnel spécifique.
- **Célébrez les petites victoires** : Chaque minute gagnée est une victoire. Reconnaissez ces gains, aussi modestes soient-ils initialement.
- **Partagez vos découvertes** : L'apprentissage s'accélère par le partage. Discutez de vos essais avec vos collègues.
- **Documentez vos prompts efficaces** : Créez votre bibliothèque personnelle de prompts qui fonctionnent dans votre contexte.

Le concept "d'action immédiate" va au-delà de la simple utilisation de Copilot. Il s'agit d'une philosophie d'adoption technologique applicable à de nombreux outils. Trop souvent, nous succombons au mythe de la "formation parfaite" avant de commencer. Cette attente de perfection devient paradoxalement un frein à l'apprentissage réel.

Une métaphore que j'utilise souvent est celle de l'apprentissage d'une langue étrangère. Vous pouvez passer des années à étudier la grammaire et le vocabulaire, mais sans pratique réelle dans des conversations, votre progression sera limitée. De même, la maîtrise de Copilot ne viendra pas de la lecture passive, mais de l'utilisation active et répétée.

Voyez ce guide comme un manuel de conversation plutôt que comme une grammaire théorique. Chaque section vous donne des "phrases utiles" sous forme de prompts que vous pouvez immédiatement utiliser dans votre "conversation" avec Copilot, sans nécessiter une compréhension approfondie de sa "linguistique" interne.

Cette approche pragmatique signifie également une focalisation sur ce qui fonctionne aujourd'hui, pas sur les fonctionnalités hypothétiques de demain. L'IA évolue rapidement, et certaines capacités de Copilot seront probablement étendues dans les mois à venir. Mais plutôt que de spéculer sur ces développements futurs, je préfère vous montrer comment exploiter pleinement ce qui est disponible maintenant.

Le véritable gaspillage dans l'adoption d'une technologie comme Copilot n'est pas de l'utiliser de façon imparfaite au début. Le véritable gaspillage est de ne pas l'utiliser du tout par peur de ne pas la maîtriser complètement. La philosophie d'action immédiate vous libère de cette paralysie de la perfection.

Un dernier aspect de cette philosophie concerne l'apprentissage continu. Je ne prétends pas que ce guide contient tout ce que vous devez savoir sur Copilot. Au contraire, il s'agit d'un point de départ, d'un tremplin vers votre propre exploration. L'action immédiate crée un cercle vertueux où chaque utilisation réussie vous encourage à explorer davantage, à tester de nouveaux cas d'usage, à affiner votre compréhension.

La beauté de cette approche est qu'elle s'auto-renforce. Chaque petite réussite avec Copilot génère une motivation qui vous pousse à l'utiliser davantage, créant ainsi plus d'occasions d'apprentissage et d'amélioration. C'est précisément cette dynamique positive que je souhaite initier avec ce guide.

La philosophie d'action immédiate n'est pas seulement efficace pour l'apprentissage individuel, elle est également puissante pour l'adoption au niveau organisationnel. Dans les entreprises où j'interviens, je constate que les équipes qui adoptent cette approche parviennent à déployer Copilot plus rapidement et avec un meilleur taux d'adhésion que celles qui optent pour de longues phases préparatoires théoriques.

En résumé, ce guide est conçu comme un catalyseur d'action. Vous n'y trouverez pas d'explications exhaustives sur le fonctionnement interne de l'IA, mais des techniques pratiques, des prompts efficaces et des cas d'usage réels que vous pouvez mettre en œuvre dès maintenant. La prochaine section vous aidera à définir vos premiers objectifs concrets avec Copilot M365, transformant ainsi cette philosophie d'action immédiate en un plan personnalisé pour votre contexte professionnel.

Définir Vos Premiers Objectifs de Productivité avec Copilot M365

La clé d'une adoption réussie de Copilot M365 réside dans votre capacité à définir des objectifs précis, mesurables et atteignables rapidement. Mon expérience auprès de centaines d'utilisateurs montre que ceux qui commencent avec des attentes claires obtiennent des résultats significativement meilleurs que ceux qui explorent l'outil sans direction précise. Prenons quelques minutes pour structurer vos premiers objectifs de productivité avec Copilot.

Votre cerveau est programmé pour rechercher des preuves confirmant vos croyances. C'est ce qu'on appelle le biais de confirmation. En définissant consciemment vos objectifs avec Copilot, vous orientez votre attention vers les réussites plutôt que vers les limitations. Cette approche psychologique simple mais puissante transformera votre expérience d'adoption.

Pour structurer efficacement vos premiers objectifs, je vous propose ma méthode "CIBLE" :

- **Concret** : définissez précisément la tâche ou le processus que vous souhaitez améliorer
- **Immédiat** : choisissez quelque chose que vous pouvez tester dès aujourd'hui
- **Bénéfique** : ciblez une tâche où le gain potentiel est significatif
- **Limité** : commencez petit, avec un périmètre clairement défini

- **Évaluable** : assurez-vous de pouvoir mesurer l'impact

Cette structuration vous évitera de vous perdre dans les possibilités infinies de Copilot et vous garantira des victoires rapides et motivantes.

Un exercice pratique consiste à prendre votre agenda des deux dernières semaines et à identifier les trois tâches récurrentes qui vous ont pris le plus de temps dans les applications Microsoft 365. Pour chacune, demandez-vous : "Est-ce que cette tâche implique la création ou la synthèse d'informations ?" Si la réponse est oui, vous tenez probablement un excellent candidat pour vos premiers objectifs avec Copilot.

La sélection des bonnes tâches initiales est cruciale. Certaines activités se prêtent mieux que d'autres à l'assistance par Copilot. Basé sur mes observations auprès de centaines d'utilisateurs, voici les caractéristiques des tâches idéales pour débuter :

- **Tâches répétitives** : activités que vous effectuez régulièrement (au moins une fois par semaine)
- **Tâches textuelles** : création ou traitement de contenu écrit
- **Tâches à faible risque** : dont le résultat peut être facilement vérifié et corrigé
- **Tâches chronophages** : qui vous prennent actuellement un temps significatif
- **Tâches standard** : qui suivent généralement une structure ou un format prévisible

Par exemple, la rédaction de comptes-rendus de réunion coche toutes ces cases, ce qui en fait un excellent premier objectif pour la plupart des professionnels.

Pour vous aider à identifier vos cibles personnelles, voici une liste de tâches fréquemment mentionnées par mes clients comme particulièrement adaptées pour débuter avec Copilot :

1. **Dans Outlook** :

- Rédiger des réponses à des emails standards
- Synthétiser de longs fils de discussion
- Préparer des modèles d'emails pour des situations récurrentes

2. **Dans Word** :

- Créer la structure initiale d'un document
- Générer un premier jet de contenu à partir d'idées clés
- Résumer un long document en points essentiels

3. **Dans PowerPoint** :

- Transformer un document texte en présentation
- Générer des propositions de visuels pour illustrer des concepts
- Créer des notes de présentateur à partir du contenu des diapositives

4. **Dans Excel** :

- Analyser des tendances dans vos données
- Générer des formules à partir de descriptions en langage naturel
- Créer des visualisations basées sur vos tableaux

5. **Dans Teams** :

- Obtenir un résumé des points clés d'une réunion
- Préparer un ordre du jour structuré
- Extraire les actions et décisions d'une conversation

Une fois vos tâches candidates identifiées, je vous invite à les prioriser selon deux critères simples : la fréquence d'exécution et le temps consacré actuellement. Les tâches fréquentes et chronophages devraient naturellement remonter en haut de votre liste.

Un responsable commercial avec qui j'ai travaillé a appliqué cette méthode et identifié que la rédaction de propositions commerciales personnalisées lui prenait en moyenne 3 heures par semaine. En utilisant Copilot pour générer une première version à partir d'un brief client, il a réduit ce temps à 1h30, libérant ainsi 1h30 hebdomadaire pour des activités à plus forte valeur ajoutée comme la prospection directe.

Pour chaque objectif sélectionné, définissez un critère de succès clair et mesurable. Par exemple : "Réduire le temps de rédaction des comptes-rendus de réunion de 45 minutes à 20 minutes" ou "Passer de 2 heures à 1 heure pour la création d'une présentation client type". Cette précision vous permettra d'évaluer objectivement si Copilot vous apporte la valeur espérée.

La notion de "dette cognitive" est particulièrement pertinente ici. Chaque tâche administrative qui vous détourne de votre expertise principale crée une forme de dette cognitive qui diminue votre efficacité globale. En identifiant les tâches qui génèrent cette dette et en les confiant partiellement à Copilot, vous libérez des ressources mentales précieuses pour des activités plus stratégiques.

Un facteur souvent négligé dans la définition des objectifs avec Copilot concerne le moment d'utilisation. Certaines périodes de la journée sont plus propices à l'expérimentation. J'encourage mes clients à réserver des plages spécifiques, idéalement en milieu de matinée ou d'après-midi, pour leurs premiers tests. Ces moments offrent généralement le meilleur équilibre entre énergie cognitive et pression temporelle.

Pour maximiser vos chances de succès, consignez vos objectifs par écrit. Cette formalisation renforce votre engagement et facilite le suivi des progrès. Un simple tableau avec trois colonnes suffit : la tâche ciblée, la situation actuelle (temps/effort), et l'objectif visé avec Copilot. Gardez ce document accessible pour vous y référer régulièrement.

Vos premiers objectifs peuvent également s'articuler autour de questions professionnelles précises auxquelles vous cherchez des réponses. Par exemple : "Comment structurer un email de refus de proposition commercial tout en maintenant une bonne relation client ?" ou "Quelles sont les meilleures pratiques actuelles pour présenter des données financières à une audience non-technique ?". Copilot excelle dans ce type de demandes informatives ciblées.

L'avantage de cette approche par objectifs ciblés est qu'elle vous permet d'apprendre à maîtriser Copilot progressivement, sans sensation d'être submergé. Chaque petite victoire renforce votre confiance et vous encourage à explorer de nouvelles possibilités. C'est exactement ce cercle vertueux que je cherche à créer avec mes clients.

Certains profils d'utilisateurs tendent à définir des objectifs trop ambitieux au départ. Si vous vous reconnaissez dans cette tendance, n'hésitez pas à diviser vos objectifs initiaux en sous-objectifs plus accessibles. Par exemple, plutôt que de viser immédiatement la génération complète d'un rapport mensuel, commencez par utiliser Copilot pour en créer la structure, puis pour rédiger l'introduction, et ainsi de suite.

La méthode des trois paliers peut s'avérer particulièrement efficace :

1. **Palier 1** : Utiliser Copilot pour générer une première version brute
2. **Palier 2** : Affiner votre prompt pour obtenir un résultat plus précis
3. **Palier 3** : Intégrer Copilot dans votre workflow complet

Cette progression vous permet de constater des bénéfices dès le premier palier, tout en ayant une trajectoire claire d'amélioration.

Un piège courant consiste à définir des objectifs trop vagues comme "être plus productif avec Copilot". De telles formulations ne vous donnent aucun point de départ concret. Préférez toujours des objectifs spécifiques comme "Utiliser Copilot pour résumer les 5 prochains rapports mensuels de l'équipe en moins de 10 minutes chacun".

La définition d'objectifs s'inscrit idéalement dans une démarche d'équipe. Si plusieurs personnes dans votre organisation utilisent Copilot, envisagez de partager vos objectifs et résultats. Cette émulation collective accélère considérablement la courbe d'apprentissage et permet de découvrir des cas d'usage auxquels vous n'auriez pas pensé individuellement.

J'ai constaté que les utilisateurs qui maintiennent un journal de bord simple de leurs expériences avec Copilot progressent nettement plus vite. Notez brièvement le prompt utilisé, le résultat obtenu, et vos observations. Ces notes vous seront précieuses pour affiner votre approche et construire progressivement votre propre bibliothèque de prompts efficaces.

La phase de définition d'objectifs est aussi le moment idéal pour identifier vos critères de qualité. Qu'attendez-vous exactement des outputs de Copilot ? Est-ce la précision factuelle, la clarté de structuration, la concision, ou l'originalité ? Cette réflexion préalable vous aidera à formuler des prompts plus adaptés à vos besoins spécifiques.

Maintenant que vous avez une méthode structurée pour définir vos premiers objectifs avec Copilot M365, prenez quelques minutes pour appliquer cette approche à votre contexte. Identifiez 2 à 3 tâches qui correspondent aux critères que nous avons évoqués, définissez des objectifs mesurables pour chacune, et planifiez vos premiers tests dans votre agenda des prochains jours.

Dans le prochain chapitre, nous plongerons dans les cas d'usage concrets, en commençant par ceux qui génèrent les gains de temps les plus immédiats. Vous y découvrirez comment révolutionner votre gestion d'emails et dynamiser vos réunions Teams grâce à Copilot. Ces deux domaines constituent souvent les premiers points de friction dans notre quotidien professionnel, et donc les premières opportunités de victoires rapides avec l'IA.

1. Activer les Premiers Gains de Temps Immédiats avec Copilot

La première étape de votre parcours avec Copilot M365 devrait cibler les gains de temps immédiats, ces victoires rapides qui transformeront votre perception de l'outil en quelques jours seulement. Mon objectif dans ce chapitre est simple : vous montrer comment récupérer au moins 30 minutes par jour dès votre première semaine d'utilisation, en vous concentrant sur les deux domaines qui consomment souvent le plus de temps dans notre quotidien professionnel, la gestion d'emails et les réunions.

Les statistiques parlent d'elles-mêmes : un cadre français passe en moyenne 3 heures par jour à traiter ses emails et 2 heures en réunions. Si nous pouvions optimiser ne serait-ce que 15% de ce temps, nous gagnerions 45 minutes quotidiennes. C'est précisément ce que Copilot peut vous aider à accomplir, sans révolutionner vos habitudes de travail, mais en amplifiant simplement votre efficacité sur ces tâches incontournables.

Pourquoi commencer par ces deux domaines spécifiques ? La raison est pragmatique. Lors de mes formations, j'observe que la gestion d'emails dans Outlook et l'optimisation des réunions dans Teams représentent les "fruits les plus accessibles" pour la plupart des utilisateurs. Ces applications font partie de votre quotidien, vous les utilisez probablement plusieurs heures chaque jour, et elles contiennent déjà toutes vos données professionnelles contextuelles, ce qui permet à Copilot de générer des résultats immédiatement pertinents.

Le fonctionnement de Copilot dans ces contextes repose sur sa capacité à comprendre vos données personnelles. À la différence d'autres outils d'IA générative, Copilot a accès à votre historique d'emails, vos calendriers, vos contacts et vos documents. Cette contextualisation lui permet de produire des contenus directement adaptés à votre environnement professionnel, sans que vous ayez à fournir des explications détaillées ou à copier-coller des informations.

Les bénéfices immédiats que vous pouvez attendre en implémentant les techniques de ce chapitre s'articulent autour de quatre axes principaux :

- **Réduction du temps de rédaction** : génération de réponses d'emails, création d'ordres du jour et de comptes-rendus
- **Accélération de la compréhension** : synthèse de longs fils de discussion, résumés de réunions
- **Diminution de la charge cognitive** : délégation des tâches répétitives pour libérer votre esprit
- **Amélioration de la qualité** : structuration plus claire, rédaction plus professionnelle

Un aspect particulièrement intéressant de ces premiers cas d'usage est qu'ils s'inscrivent naturellement dans votre flux de travail existant. Vous n'avez pas besoin de changer vos habitudes ou d'apprendre de nouvelles interfaces. Copilot s'intègre directement dans vos outils quotidiens, ajoutant une couche d'intelligence artificielle qui amplifie vos capacités sans perturber vos routines.

Pour maximiser votre apprentissage dans ce chapitre, je vous propose une approche structurée en trois temps pour chaque cas d'usage :

1. **Compréhension du potentiel** : je vous expliquerai précisément ce que Copilot peut faire dans ce contexte spécifique

2. **Exemples de prompts efficaces** : je vous fournirai des formulations précises que vous pourrez copier-coller et adapter

3. **Intégration dans votre workflow** : je vous montrerai comment intégrer ces nouvelles pratiques dans votre quotidien

La simplicité est clé dans cette phase d'adoption initiale. Les prompts que je partagerai avec vous sont volontairement courts et directs. L'objectif n'est pas d'explorer toutes les subtilités du prompt engineering, mais de vous donner des formules prêtes à l'emploi qui fonctionnent immédiatement dans votre contexte professionnel.

Dans notre parcours d'optimisation des emails avec Copilot, nous découvrirons d'abord comment générer des réponses et des brouillons qui vous feront gagner un temps précieux tout en maintenant votre ton personnel. Je vous montrerai comment adapter finement vos prompts pour obtenir exactement le style et le contenu souhaités, qu'il s'agisse d'un email formel à un client ou d'une communication interne plus détendue.

Nous explorerons ensuite l'une des fonctionnalités les plus appréciées par mes clients : la synthèse de longs fils de discussion. Face à ces interminables chaînes d'emails où l'information essentielle se perd, Copilot devient un allié précieux qui extrait les points clés, les décisions et les actions requises en quelques secondes. Cette fonctionnalité s'avère particulièrement utile lorsque vous revenez de congés ou que vous êtes intégré tardivement dans une conversation.

Le voyage se poursuivra avec l'optimisation des réunions Teams. Saviez-vous que Copilot peut générer automatiquement un résumé structuré de votre réunion, incluant les points abordés, les décisions prises et les actions à entreprendre ? Cette fonctionnalité transforme radicalement le suivi de vos réunions, vous libérant de la prise de notes manuelle pour vous permettre de vous concentrer pleinement sur les échanges.

Nous terminerons ce chapitre en explorant comment Copilot peut vous aider à préparer vos futures réunions, en générant des ordres du jour pertinents basés sur les thèmes à aborder, en préparant des synthèses de documents pour alimenter vos discussions, ou même en vous aidant à formuler clairement vos interventions.

L'une des forces des cas d'usage présentés dans ce chapitre est leur caractère transversal. Quelle que soit votre fonction dans l'entreprise, que vous soyez manager, spécialiste marketing, professionnel RH ou ingénieur, ces techniques s'appliquent à votre quotidien. Nous communiquons tous par email et participons tous à des réunions. Ces optimisations bénéficient donc à l'ensemble des collaborateurs, indépendamment de leur rôle spécifique.

Des études récentes montrent que nous sommes interrompus en moyenne toutes les 11 minutes dans notre travail, et qu'il nous faut ensuite 25 minutes pour retrouver notre concentration optimale. En réduisant le temps passé sur les emails et les réunions, vous diminuez non seulement ces tâches directes, mais vous limitez aussi les interruptions, créant un effet multiplicateur sur votre productivité globale.

Pour tirer le meilleur parti de ce chapitre, je vous invite à tester chaque technique dès que vous la découvrez. Ne vous contentez pas de lire, mettez en pratique. Ouvrez Outlook ou Teams en parallèle de votre lecture et expérimentez les prompts sur vos propres emails ou réunions. L'apprentissage actif est infiniment plus efficace que la lecture passive.

Les gains que vous obtiendrez de ces premières utilisations créeront un cercle vertueux d'adoption. Chaque minute gagnée renforce votre motivation à explorer davantage les capacités de Copilot, ce qui génère à son tour de nouveaux gains de temps. C'est cette dynamique positive que je souhaite initier avec vous dès ce premier chapitre.

Certains utilisateurs me partagent leur inquiétude quant à la personnalisation des réponses générées par l'IA. "Ne va-t-on pas tous finir par envoyer les mêmes emails formatés ?" Cette préoccupation est légitime, mais infondée. Je vous montrerai comment utiliser Copilot comme point de départ, tout en conservant votre voix unique et votre style personnel. L'objectif n'est pas de remplacer votre jugement, mais de vous libérer du travail de rédaction initial pour vous permettre de vous concentrer sur la personnalisation et les nuances.

Le rapport qualité/effort des techniques présentées dans ce chapitre est exceptionnel. Pour un investissement de quelques minutes d'apprentissage, vous obtiendrez un retour immédiat sous forme de temps libéré et de qualité améliorée. C'est précisément ce type de victoires rapides qui transforme les sceptiques en adopteurs convaincus.

Une réflexion m'accompagne constamment lors de mes formations : nous avons tous la même quantité de temps chaque jour, mais certains professionnels semblent accomplir beaucoup plus que d'autres. La différence réside souvent dans leur capacité à déléguer intelligemment les tâches répétitives, soit à d'autres personnes, soit à des outils comme Copilot. Ce chapitre vous donne les clés pour rejoindre cette catégorie de professionnels qui optimisent systématiquement leur temps et leur énergie.

Les techniques que nous allons explorer ensemble ne nécessitent aucune compétence technique préalable. Si vous savez formuler une demande claire en français courant, vous avez toutes les compétences requises pour tirer parti de Copilot dans vos emails et réunions. La simplicité d'accès est l'une des grandes forces de cet outil.

Dans les sections suivantes, nous plongerons dans le détail de chaque cas d'usage, avec des exemples concrets, des prompts spécifiques et des conseils pratiques pour intégrer ces nouvelles méthodes dans votre routine professionnelle. Préparez-vous à transformer votre gestion d'emails et de réunions, pour libérer du temps précieux que vous pourrez consacrer à des activités à plus forte valeur ajoutée.

1.1 Révolutionner Votre Gestion d'Emails avec Copilot pour Outlook

1.1.1 Générer des Réponses et Brouillons d'Emails en Secondes

La gestion des emails représente l'un des plus grands défis de productivité dans notre environnement professionnel moderne. Un cadre moyen reçoit entre 80 et 120 emails par jour, nécessitant souvent plus de 3 heures quotidiennes pour les traiter efficacement. Cette réalité fait de la boîte de réception une cible prioritaire pour obtenir des gains de temps immédiats avec Copilot.

Mes clients sont souvent stupéfaits lors de nos premières démonstrations de Copilot pour Outlook. La vitesse et la pertinence avec lesquelles l'outil génère des réponses adaptées semblent presque magiques. Pourtant, il ne s'agit pas de magie mais d'une utilisation intelligente de l'IA pour traiter plus rapidement l'une de nos tâches quotidiennes les plus chronophages.

L'avantage unique de Copilot dans Outlook réside dans sa capacité à comprendre le contexte complet de vos échanges. Contrairement aux outils d'IA générique, Copilot a accès à l'historique de vos conversations, aux pièces jointes précédemment échangées, et même à votre calendrier. Cette richesse contextuelle lui permet de générer des réponses véritablement pertinentes et personnalisées.

Pour bien comprendre l'impact potentiel sur votre productivité, considérez cette simple équation : si vous traitez 50 emails par jour et gagnez seulement 2 minutes par email grâce à Copilot, cela représente 100 minutes économisées quotidiennement, soit plus d'une heure et demie de temps libéré pour des tâches à plus forte valeur ajoutée.

Commençons par les bases : comment activer Copilot dans Outlook pour générer une réponse simple. Dans la version web ou bureau d'Outlook, ouvrez l'email auquel vous souhaitez répondre, puis cliquez sur "Répondre". Dans la fenêtre de composition, vous verrez apparaître un bouton Copilot (généralement représenté par un petit hexagone ou l'icône Copilot). En cliquant dessus, vous accédez à diverses options, dont "Rédiger" ou "Aider à rédiger".

La première demande que je suggère à tous mes clients d'essayer est simplement : "Rédige une réponse professionnelle à cet email." Cette instruction basique permettra à Copilot de générer une première réponse adaptée au contenu de l'email reçu. Le résultat vous servira de base que vous pourrez ensuite modifier ou utiliser directement selon sa pertinence.

Pour des résultats plus précis, affinez votre prompt en ajoutant des instructions spécifiques. Voici quelques formulations particulièrement efficaces que j'ai testées avec mes clients :

- **Pour une réponse formelle** : "Rédige une réponse formelle et détaillée à cet email en incluant toutes les informations demandées. Adopte un ton professionnel et courtois."
- **Pour une réponse concise** : "Crée une réponse brève et directe qui va droit à l'essentiel, en 3 phrases maximum."
- **Pour une validation avec conditions** : "Rédige une réponse qui accepte la proposition tout en précisant les conditions suivantes : [liste de vos conditions]."
- **Pour un refus diplomatique** : "Formule un refus courtois à cette demande en proposant une alternative et en maintenant une relation positive."

Le véritable potentiel de Copilot se révèle lorsque vous ajoutez des contextes supplémentaires ou des contraintes spécifiques. Par exemple : "Réponds à cet email en mentionnant que je suis disponible uniquement jeudi et vendredi prochain, et suggère une visioconférence plutôt qu'un appel téléphonique."

L'un des cas d'usage les plus appréciés par mes clients concerne les emails en langue étrangère. Imaginons que vous receviez un email en anglais ou en allemand. Au lieu de passer par des outils de traduction séparés, demandez simplement à Copilot : "Résume cet email en français puis rédige une réponse professionnelle dans la même langue que l'email original."

La puissance de Copilot réside également dans sa capacité à adapter le ton et le style. Une directrice marketing avec qui je travaille utilise régulièrement cette formulation : "Rédige une réponse dans un style dynamique et engageant, en mettant l'accent sur les bénéfices client et en incluant un appel à l'action clair à la fin."

Pour les emails récurrents que vous envoyez régulièrement, créez une bibliothèque de prompts efficaces. Par exemple, pour les emails de suivi client, vous pourriez utiliser : "Génère un email de suivi cordial qui rappelle notre dernière conversation sur [sujet], demande un retour sur [points en attente] et propose un prochain échange avant [date]."

Passons maintenant aux cas d'usage plus avancés. La création de brouillons d'emails complets, et non simplement des réponses, représente un autre gain de temps significatif. Dans Outlook, ouvrez une nouvelle fenêtre de composition, puis invoquez Copilot et décrivez précisément l'email que vous souhaitez créer.

Voici une structure de prompt particulièrement efficace pour créer des emails complets :

1. **Destinataire et contexte** : "Crée un email pour [fonction/nom du destinataire] concernant [sujet précis]."
2. **Objectif** : "L'objectif est de [convaincre/informer/demander/etc.]."
3. **Points clés** : "Les points à aborder sont : [liste des éléments importants]."

4. **Ton souhaité** : "Utilise un ton [formel/cordial/enthousiaste/etc.]."
5. **Longueur** : "L'email doit être [concis/détaillé/environ X paragraphes]."

Un exemple concret serait : "Génère un email pour le directeur financier concernant notre demande de budget supplémentaire pour le projet CRM. L'objectif est de justifier cette demande. Les points à aborder sont : dépassement des objectifs initiaux de 15%, opportunité d'étendre le périmètre, retour sur investissement prévu en 8 mois. Utilise un ton factuel et persuasif. L'email doit être concis mais complet."

Une responsable RH de mon réseau utilise régulièrement Copilot pour créer des communications d'entreprise standardisées. Son prompt type ressemble à ceci : "Crée un email d'annonce pour tous les employés concernant [changement de politique/événement/etc.]. L'information principale est [détail clé]. Inclus les sections : contexte, changements principaux, impact pour les employés, prochaines étapes. Ton informatif mais bienveillant."

La personnalisation massive d'emails représente un autre cas d'usage à fort impact. Imaginez devoir envoyer des messages similaires à différents clients, chacun nécessitant des ajustements spécifiques. Au lieu de rédiger chaque variante manuellement, créez un modèle avec Copilot puis demandez des adaptations pour chaque destinataire.

Par exemple : "Génère un email de base annonçant notre nouvel outil de gestion de projet, puis adapte-le spécifiquement pour trois profils : directeur technique, responsable marketing et chef de projet."

Pour les emails complexes nécessitant une structure précise, j'utilise souvent ce format : "Crée un email structuré avec les sections suivantes : introduction rappelant le contexte, synthèse des points discutés lors de notre dernière réunion, propositions pour avancer, et prochaines étapes avec échéances suggérées."

L'un de mes clients du secteur commercial a développé une technique particulièrement efficace pour les emails de prospection. Il demande à Copilot : "Génère un email de prospection pour [entreprise cible] qui établit une connexion personnalisée basée sur leur récente [actualité/publication/événement], introduit brièvement notre solution en lien avec leur problématique visible, et propose un appel de 15 minutes sans engagement."

Un aspect souvent négligé concerne l'amélioration des emails déjà rédigés. Si vous avez commencé un brouillon mais n'êtes pas satisfait du résultat, demandez à Copilot : "Améliore ce brouillon d'email en le rendant plus concis, en clarifiant les points principaux et en ajoutant un appel à l'action plus direct."

Pour maximiser votre productivité avec Copilot dans Outlook, je vous recommande d'intégrer cette approche en trois temps dans votre workflow quotidien :

1. **Tri rapide** : Parcourez vos nouveaux emails et identifiez ceux nécessitant des réponses similaires ou standardisées.
2. **Génération par lots** : Utilisez Copilot pour générer des réponses à ces emails en une seule session.
3. **Personnalisation finale** : Revoyez rapidement chaque réponse pour y ajouter votre touche personnelle si nécessaire.

Cette méthode m'a permis de réduire mon temps de gestion d'emails de plus de 40% lors de mes tests, un gain que plusieurs de mes clients ont également confirmé atteindre après quelques semaines de pratique.

La véritable maîtrise de Copilot pour les emails passe par l'art d'équilibrer efficacité et personnalisation. Personne ne souhaite recevoir des messages qui semblent générés automatiquement sans aucune touche humaine. Je recommande toujours de considérer les outputs de Copilot comme des points de départ solides que vous personnaliserez ensuite, même légèrement, pour maintenir votre voix authentique.

Un directeur commercial que j'accompagne a adopté cette routine : il génère ses réponses avec Copilot, puis ajoute systématiquement une phrase personnalisée au début ou à la fin faisant référence à un élément de contexte partagé avec son interlocuteur. Cette simple pratique transforme un email potentiellement générique en une communication véritablement personnelle.

L'intégration efficace de Copilot dans votre gestion d'emails nécessite un certain changement dans vos habitudes. Plutôt que de vous lancer immédiatement dans la rédaction comme par le passé, prenez quelques secondes pour formuler mentalement votre intention, puis demandez à Copilot de générer une base que vous affinerez. Cette nouvelle approche peut sembler étrange au début, mais devient rapidement naturelle avec la pratique.

La combinaison de Copilot avec d'autres fonctionnalités d'Outlook amplifie encore son impact. Par exemple, utilisez-le pour créer des réponses automatiques pendant vos congés, des modèles pour vos communications récurrentes, ou des règles de gestion pour catégoriser automatiquement certains types d'emails.

En appliquant ces techniques dans votre quotidien, vous constaterez non seulement un gain de temps significatif, mais aussi une amélioration qualitative de vos communications écrites. Copilot peut vous aider à structurer plus clairement vos messages, à éviter les ambiguïtés et à maintenir un ton professionnel constant, même dans les moments de stress ou de fatigue.

1.1.2 Synthétiser Efficacement de Longs Fils de Discussion Email

Les fils de discussion interminables représentent l'un des plus grands défis de la communication professionnelle moderne. Qui n'a jamais ressenti cette pointe d'anxiété en ouvrant un email contenant 15 réponses successives, sachant qu'il faudra parcourir l'intégralité de la conversation pour en extraire les informations essentielles ? Cette tâche chronophage peut désormais être accomplie en quelques secondes grâce à Copilot dans Outlook.

La capacité de Copilot à synthétiser rapidement de longues conversations email constitue l'une des fonctionnalités les plus appréciées par mes clients. Un directeur commercial avec qui je travaille m'a récemment confié : "Cette fonction à elle seule justifie l'investissement dans Copilot. Je gagne au moins 5 minutes sur chaque fil de discussion complexe, et j'en traite une vingtaine par jour."

Pour bien comprendre la puissance de cette fonctionnalité, prenons un exemple concret. Imaginez un échange de 20 emails entre différents services concernant l'organisation d'un événement client. Sans Copilot, vous devriez ouvrir chaque message, identifier les points clés, noter les décisions, repérer les changements de cap, et compiler mentalement une synthèse. Avec Copilot, vous obtenez une vue d'ensemble structurée en moins de 10 secondes.

Voyons comment utiliser cette fonctionnalité efficacement. Dans Outlook, sélectionnez le fil de discussion complet que vous souhaitez synthétiser. Cliquez ensuite sur le bouton Copilot dans la barre d'outils (ou utilisez le raccourci clavier associé si vous l'avez configuré). Dans le panneau qui s'ouvre, demandez simplement : "Synthétise cette conversation email et présente les points clés."

Cette demande basique fonctionne déjà remarquablement bien, mais vous pouvez obtenir des résultats encore plus pertinents en précisant votre besoin. Voici quelques prompts particulièrement efficaces que j'ai testés avec mes clients :

- **Pour une synthèse factuelle standard** : "Résume cette conversation email en identifiant les participants clés, les principales décisions, et les actions en attente."
- **Pour extraire uniquement les actions** : "Extrais uniquement les tâches et actions à entreprendre mentionnées dans cette conversation, avec les personnes responsables et les délais si précisés."
- **Pour une synthèse chronologique** : "Synthétise l'évolution de cette discussion en présentant les changements d'orientation ou de décision dans l'ordre chronologique."
- **Pour isoler la position d'un participant** : "Résume uniquement les contributions et positions de [nom/email de la personne] dans cette conversation."

La pertinence des résultats obtenus dépend en grande partie de la qualité de votre prompt. Un responsable projet que j'accompagne utilise systématiquement cette formulation précise : "Analyse cette conversation email et présente : 1) Le sujet principal, 2) Les points d'accord entre participants, 3) Les points de désaccord ou questions en suspens, 4) Les décisions finales, 5) Les prochaines étapes avec dates et responsables."

Cette approche structurée lui permet d'obtenir immédiatement une vue claire de la situation, sans avoir à parcourir l'intégralité du fil de discussion. Elle estime gagner environ 30 minutes quotidiennement grâce à cette seule pratique.

Un aspect particulièrement utile de cette fonctionnalité concerne les fils de discussion auxquels vous êtes ajouté tardivement. Plutôt que de vous excuser pour avoir manqué le début de la conversation ou de demander un résumé à vos collègues, vous pouvez utiliser Copilot pour vous mettre à niveau rapidement. Le prompt idéal dans ce cas est : "Je viens d'être ajouté à cette conversation.

Résume-moi les points essentiels pour que je puisse contribuer efficacement sans ralentir l'équipe."

Pour les emails en langue étrangère, Copilot révèle toute sa puissance. Non seulement il peut synthétiser le contenu, mais il peut aussi le traduire simultanément. Essayez ce prompt : "Synthétise cette conversation en anglais et traduis les points clés en français." Cette fonction s'avère particulièrement précieuse dans un contexte international où les échanges multilingues sont fréquents.

La gestion des discussions techniques complexes bénéficie également de cette fonctionnalité. Un ingénieur de mon réseau utilise cette formulation : "Résume cette discussion technique en identifiant les problèmes soulevés, les solutions proposées, les contraintes mentionnées et la résolution retenue si applicable."

Une pratique que je recommande à tous mes clients consiste à coupler la synthèse avec une action immédiate. Par exemple, après avoir obtenu votre résumé, demandez à Copilot : "À partir de cette synthèse, rédige un email de suivi qui confirme ma compréhension des points clés et des prochaines étapes." Cette approche vous permet non seulement de gagner du temps sur la compréhension, mais aussi sur la communication qui en découle.

L'intégration de cette pratique dans votre workflow quotidien peut suivre ce processus en trois étapes :

1. **Identification** : Repérez les fils de discussion comportant plus de 5-6 échanges ou s'étendant sur plusieurs jours
2. **Synthèse** : Utilisez Copilot avec un prompt adapté à votre besoin spécifique
3. **Action** : Exploitez immédiatement la synthèse pour votre prochaine étape (répondre, déléguer, archiver)

Cette méthode systématique transforme un processus auparavant fastidieux en une routine fluide et efficace.

Pour les utilisateurs avancés, je suggère de créer une bibliothèque personnelle de prompts adaptés à différents types de conversations. Par exemple, distinguez vos prompts pour les discussions de projet, les échanges clients, les conversations avec votre équipe, etc. Cette personnalisation fine vous permettra d'obtenir des synthèses parfaitement adaptées à chaque contexte.

La qualité des synthèses produites par Copilot dépend également de la nature des échanges email. Pour les conversations très techniques ou comportant beaucoup de données chiffrées, j'ai remarqué qu'il est préférable d'orienter Copilot vers une extraction précise plutôt qu'une synthèse générale. Dans ces cas, utilisez des prompts comme : "Extrais uniquement les chiffres clés et métriques mentionnés dans cette conversation, avec leur contexte."

Un aspect souvent négligé concerne l'utilisation de la synthèse comme base pour votre propre prise de décision. Une directrice marketing de mon réseau utilise Copilot non seulement pour comprendre les échanges, mais aussi pour l'aider à structurer sa réflexion. Son prompt typique est : "Synthétise cette conversation et propose 3 options possibles pour avancer sur ce sujet, en tenant compte des différentes positions exprimées."

L'archivage intelligent constitue un autre cas d'usage puissant. Plutôt que d'archiver simplement des fils de discussion qui pourraient contenir des informations importantes, demandez d'abord à Copilot : "Résume cette conversation et identifie si elle contient des informations importantes à conserver ou des engagements pris." Cette pratique vous permet d'archiver avec confiance, tout en préservant les éléments essentiels sous forme de notes ou de tâches.

Pour les discussions particulièrement sensibles ou confidentielles, prenez l'habitude de vérifier systématiquement la synthèse générée par Copilot. Bien que l'outil soit généralement précis, il peut parfois manquer des nuances importantes ou mal interpréter certains éléments contextuels. Une pratique prudente consiste à demander : "Identifie dans cette synthèse les points qui pourraient nécessiter une vérification supplémentaire ou qui semblent ambigus."

La puissance de cette fonctionnalité ne se limite pas aux emails professionnels. Un de mes clients l'utilise également pour ses abonnements à des newsletters spécialisées. En synthétisant rapidement le contenu de multiples sources d'information, il reste informé des tendances de son secteur sans y consacrer des heures de lecture.

Le gain de temps offert par cette fonctionnalité s'accompagne d'un bénéfice cognitif moins visible mais tout aussi important : la réduction de la charge mentale. Chaque fil de discussion non traité représente une tâche en suspens qui mobilise une partie de votre attention. En synthétisant rapidement ces conversations, vous libérez non seulement du temps, mais aussi de l'espace mental pour des activités à plus forte valeur ajoutée.

L'intégration de cette pratique dans une équipe complète peut générer des gains substantiels. Un responsable d'équipe que j'accompagne a instauré une règle simple : toute conversation email dépassant 10 échanges doit être synthétisée avant d'être transmise à un autre membre. Cette simple habitude a considérablement fluidifié la communication interne et réduit les malentendus liés à des informations parcellaires.

Gardez à l'esprit que la synthèse par Copilot constitue un excellent point de départ, mais ne remplace pas entièrement votre jugement critique. Utilisez ces résumés comme une base efficace qui vous permet de gagner du temps, tout en restant vigilant sur les aspects particulièrement importants ou sensibles qui pourraient nécessiter une lecture plus approfondie.

Dans le prochain chapitre, nous explorerons comment Copilot peut transformer radicalement vos réunions Teams, en générant automatiquement des comptes-rendus structurés et en vous aidant à préparer efficacement vos interventions. Ces fonctionnalités complémentaires à la gestion d'emails vous permettront d'établir un système cohérent de communication professionnelle optimisée par l'IA.

1.2 Dynamiser Vos Réunions et Communications Teams grâce à Copilot

1.2.1 Obtenir des Résumés de Réunions Instantanés et Actionnables

Les réunions virtuelles occupent désormais une place centrale dans notre vie professionnelle. Selon mes observations auprès de nombreuses entreprises françaises, un cadre moyen passe entre 15 et 20 heures par semaine en réunions Teams, dont la plupart sans compte-rendu structuré. Ce temps précieux s'évapore souvent sans trace exploitable, créant un gouffre entre les discussions et les actions qui devraient en découler.

La fonctionnalité de résumé automatique de réunions dans Copilot pour Teams représente l'une des innovations les plus transformatives pour votre productivité quotidienne. Ma première expérience avec cette fonctionnalité a été révélatrice. Après une réunion projet de 45 minutes impliquant cinq participants et couvrant plusieurs sujets complexes, j'ai obtenu en moins de 20 secondes un résumé structuré identifiant clairement les décisions prises et les actions à entreprendre. Une tâche qui m'aurait normalement pris 20 à 30 minutes était accomplie instantanément.

Pour accéder à cette fonctionnalité après une réunion Teams, plusieurs options s'offrent à vous. La plus directe consiste à rester dans la réunion une fois celle-ci terminée. Vous verrez apparaître automatiquement une notification proposant de générer un résumé. Vous pouvez également accéder à l'enregistrement de la réunion dans le chat Teams correspondant et cliquer sur l'icône Copilot pour demander un résumé.

La qualité du résumé généré dépend en grande partie de la précision de votre prompt. Un prompt basique comme "Résume cette réunion" fonctionnera, mais vous obtiendrez des résultats bien plus exploitables en étant spécifique. Voici mes recommandations de prompts testés et validés auprès de nombreux clients :

- **Pour un résumé standard** : "Génère un résumé structuré de cette réunion en identifiant clairement le contexte, les points clés discutés, les décisions prises et les actions à entreprendre avec leurs responsables."
- **Pour un focus sur les actions** : "Extrais uniquement les actions décidées lors de cette réunion, avec pour chacune le responsable assigné et la date d'échéance si mentionnée."
- **Pour un résumé par participant** : "Résume les principales contributions de chaque participant à cette réunion et identifie leurs engagements."
- **Pour un résumé thématique** : "Organise le contenu de cette réunion par thèmes principaux, en synthétisant les discussions et décisions pour chaque thème."

La puissance de cette fonctionnalité réside dans sa capacité à capturer non seulement le contenu explicite de la réunion, mais aussi les éléments implicites comme les accords tacites ou les réserves exprimées. J'ai été particulièrement impressionné par la pertinence avec laquelle Copilot parvient à identifier les points de tension ou de consensus dans une discussion, même lorsqu'ils ne sont pas formellement verbalisés comme tels.

Pour tirer le meilleur parti de cette fonctionnalité, je vous conseille d'adopter une approche en trois temps que j'ai développée avec mes clients :

1. **Génération du résumé brut** : Demandez d'abord un résumé complet de la réunion
2. **Affinement spécifique** : Posez ensuite des questions ciblées pour approfondir certains points
3. **Extraction d'actions** : Terminez en demandant explicitement les actions à entreprendre

Cette méthode séquentielle vous permet d'obtenir à la fois une vue d'ensemble et les détails opérationnels nécessaires pour le suivi.

Un directeur commercial que j'accompagne a développé une utilisation particulièrement efficace de cette fonctionnalité. Après chaque réunion client, il demande à Copilot : "Résume cette réunion en te concentrant sur les besoins exprimés par le client, ses objections principales et les points d'accord. Puis liste les actions à entreprendre pour avancer dans ce projet." Ce prompt ciblé lui permet de capturer précisément les informations critiques pour faire avancer ses opportunités commerciales.

L'intégration de ces résumés dans votre workflow ne se limite pas à leur génération. Pour maximiser leur valeur, partagez-les systématiquement dans le chat Teams de la réunion pour que tous les participants puissent les consulter et les valider. Cette pratique permet de créer une compréhension commune et d'éviter les interprétations divergentes des décisions prises.

La version texte du résumé n'est qu'un point de départ. Copilot vous permet également de poser des questions de suivi sur le contenu de la réunion. Par exemple : "Qu'a dit [nom du participant] concernant le budget du projet ?" ou "Quelles ont été les principales préoccupations exprimées concernant le calendrier ?" Cette fonction de "mémoire conversationnelle" transforme l'enregistrement passif en une ressource interactive que vous pouvez interroger selon vos besoins.

Une pratique que je recommande vivement à mes clients consiste à créer une bibliothèque de prompts spécifiques adaptés à différents types de réunions. Les réunions de projet, les sessions de brainstorming, les points client ou les comités de direction nécessitent des approches différentes. En préparant à l'avance vos prompts pour chaque type de réunion, vous gagnerez un temps précieux et obtiendrez des résultats plus pertinents.

Pour les réunions particulièrement importantes, comme une présentation à des décideurs ou une négociation commerciale critique, j'ai développé une technique d'analyse approfondie. Demandez d'abord un résumé général, puis utilisez ce prompt spécifique : "Analyse les réactions et le niveau d'engagement des participants à cette présentation. Identifie les moments où ils ont montré de l'intérêt ou des réserves, et suggère des points à clarifier lors du prochain échange." Cette approche vous permet d'affiner votre communication future en fonction des réactions observées.

La construction d'une mémoire organisationnelle constitue l'un des bénéfices stratégiques majeurs de cette fonctionnalité. Dans les entreprises où je l'ai déployée, les équipes ont progressivement constitué une base de connaissances exploitable issue de leurs réunions. Cette capitalisation sur les échanges passés accélère considérablement l'intégration de nouveaux collaborateurs et préserve la continuité des projets malgré les changements d'équipe.

Pour les managers d'équipe, les résumés automatiques offrent un gain de temps substantiel dans le suivi des activités. Une responsable marketing avec qui je travaille utilise systématiquement ce prompt après les réunions d'équipe hebdomadaires : "Extrais de cette réunion la liste des projets discutés, leur statut actuel et les prochaines étapes pour chacun. Organise ces informations sous forme de tableau." Ce format structuré lui permet de mettre à jour son tableau de bord de suivi en quelques minutes plutôt qu'en une heure.

L'accessibilité représente un autre avantage significatif de cette fonctionnalité. Pour les collaborateurs qui n'ont pas pu assister à une réunion, un résumé généré par Copilot offre une compréhension bien plus riche qu'un simple compte-rendu textuel. Le prompt idéal dans ce cas est : "Résume cette réunion pour quelqu'un qui n'y a pas assisté, en incluant le contexte, les points essentiels et les décisions qui impactent l'ensemble de l'équipe."

Les équipes internationales tirent un bénéfice particulier de cette fonctionnalité. Si votre réunion s'est déroulée en anglais mais que certains participants sont plus à l'aise en français, demandez simplement : "Génère un résumé en français de cette réunion qui s'est tenue en anglais." Cette traduction contextuelle va bien au-delà d'une simple conversion mot à mot, préservant les nuances et le sens profond des échanges.

Un aspect souvent négligé concerne l'exploitation des enregistrements de réunions passées. La plupart des utilisateurs se contentent de générer des résumés immédiatement après la réunion, mais vous pouvez également interroger des enregistrements plus anciens. Cette capacité à "voyager dans le temps" s'avère précieuse pour retrouver des décisions historiques ou comprendre l'évolution d'un projet.

Pour les professionnels qui animent régulièrement des formations ou des webinaires via Teams, Copilot offre un moyen inédit de capturer les questions et préoccupations des participants. Le prompt "Identifie les principales questions posées pendant cette formation et synthétise les réponses apportées" permet de créer rapidement une FAQ basée sur des interactions réelles plutôt que sur des suppositions.

La fonction de résumé s'intègre particulièrement bien avec d'autres applications Microsoft 365. Un consultant RH de mon réseau a développé un workflow efficace où il génère d'abord un résumé d'entretien avec Copilot, puis utilise ce résumé comme base pour créer automatiquement une fiche candidate dans Excel. Cette automatisation en chaîne démultiplie les gains de productivité.

Les limitations actuelles de cette fonctionnalité méritent d'être mentionnées pour une utilisation optimale. La qualité du résumé dépend fortement de celle de l'enregistrement audio. Dans les réunions avec plusieurs intervenants simultanés ou des problèmes de son, les résultats peuvent être partiels. Je recommande dans ces cas d'utiliser un prompt comme : "Résume cette réunion tout en indiquant les passages où la compréhension pourrait être incomplète en raison de problèmes audio."

L'aspect légal et éthique ne doit pas être négligé. Avant d'activer l'enregistrement et de générer des résumés, assurez-vous d'avoir le consentement explicite des participants, particulièrement dans un contexte français où la sensibilité aux questions de confidentialité est forte. Un message clair en début de réunion suffit généralement : "Cette réunion sera enregistrée pour permettre la génération d'un compte-rendu automatique. Merci de me signaler si quelqu'un s'y oppose."

Pour les utilisateurs avancés, je suggère d'explorer les capacités de suivi longitudinal. Plutôt que de traiter chaque réunion comme un événement isolé, demandez à Copilot : "Compare cette réunion avec notre précédent échange du [date] et identifie les évolutions dans notre approche du projet X." Cette analyse comparative vous permet de visualiser la progression de vos discussions et décisions dans le temps.

Les résumés générés par Copilot constituent également une excellente base pour votre communication post-réunion. Une directrice de projet utilise systématiquement cette approche : elle fait générer un résumé, le révise légèrement, puis l'envoie par email à toutes les parties prenantes avec un prompt comme "Transforme ce résumé en un email professionnel annonçant les décisions prises et les prochaines étapes, avec un ton cordial mais direct."

1.2.2 Préparer Rapidement Vos Interventions et Ordres du Jour

La préparation des réunions consomme une part considérable de notre temps professionnel. D'après mon expérience auprès de mes clients, la création d'un ordre du jour pertinent et la préparation d'interventions structurées représentent en moyenne 30 à 45 minutes par réunion. Multipliez ce chiffre par le nombre de réunions hebdomadaires que vous organisez, et vous obtenez rapidement plusieurs heures qui pourraient être consacrées à des activités à plus forte valeur ajoutée.

L'intelligence de Copilot permet désormais d'accélérer considérablement cette phase préparatoire. Un responsable marketing avec qui je travaille est passé de 40 minutes à moins de 15 minutes pour préparer ses réunions d'équipe hebdomadaires, tout en améliorant la qualité et la pertinence de ses ordres du jour. Cette transformation n'est pas anecdotique, mais représente un gain tangible que vous pouvez reproduire immédiatement.

Pour vous aider à optimiser votre préparation de réunions avec Copilot, je vous propose d'explorer trois domaines d'application principaux : la création d'ordres du jour structurés, la préparation de vos interventions personnelles, et l'anticipation des questions ou objections potentielles.

Commençons par la création d'ordres du jour efficaces. Dans Teams, lorsque vous planifiez une nouvelle réunion, vous pouvez invoquer Copilot directement dans le champ de description. Voici quelques prompts particulièrement efficaces que j'ai testés avec mes clients :

- **Pour une réunion standard** : "Crée un ordre du jour détaillé pour une réunion de [durée] sur [sujet principal]. Les participants sont [rôles/fonctions des participants] et l'objectif principal est de [objectif précis]. Inclus une estimation de temps pour chaque point."
- **Pour une réunion de suivi projet** : "Génère un ordre du jour pour notre réunion de suivi du projet [nom du projet]. Nous devons aborder l'état d'avancement, les blocages actuels, et planifier les deux prochaines semaines. Prévois également un temps pour les questions diverses."

- **Pour un comité de direction** : "Prépare un ordre du jour de CODIR centré sur les performances trimestrielles et les ajustements stratégiques nécessaires. Inclus les rubriques standards et ajoute une section spéciale sur [enjeu particulier]."

La puissance de cette approche réside dans sa capacité à générer instantanément une structure pertinente que vous pourrez ensuite ajuster selon vos besoins spécifiques. Je conseille toujours à mes clients de revoir et personnaliser l'ordre du jour généré, mais le gain de temps provient de ne pas avoir à partir d'une page blanche.

Pour maximiser la pertinence des ordres du jour générés, essayez d'inclure dans votre prompt des éléments de contexte sur les participants. Par exemple : "Les participants incluent l'équipe marketing qui cherche des validations budgétaires et l'équipe production qui doit présenter ses contraintes techniques." Cette contextualisation permet à Copilot de créer un ordre du jour équilibré qui prend en compte les besoins de chaque partie.

Un directeur commercial de mon réseau a développé une technique particulièrement efficace. Il demande à Copilot de générer trois versions différentes de son ordre du jour avec ce prompt : "Propose trois versions d'ordre du jour pour cette réunion : une version axée sur la présentation d'informations, une version collaborative centrée sur la résolution de problèmes, et une version décisionnelle avec des points d'action clairs." Il peut ainsi choisir la structure la plus adaptée à son objectif.

La préparation d'un ordre du jour devient encore plus puissante lorsque vous l'enrichissez avec l'historique des échanges précédents. Si vous disposez d'un compte-rendu de la dernière réunion sur le même sujet, demandez à Copilot : "Analyse ce compte-rendu de notre dernière réunion et génère un ordre du jour pertinent pour notre prochaine session qui assure la continuité des discussions et le suivi des actions décidées."

Passons maintenant à la préparation de vos interventions personnelles avec Copilot. Que vous deviez présenter un projet, défendre une idée ou simplement structurer votre participation à une discussion, Copilot peut vous aider à organiser vos pensées efficacement.

Dans Word ou directement dans Teams, essayez ces prompts qui ont fait leurs preuves :

- **Pour structurer une présentation** : "Aide-moi à structurer une intervention de [durée] minutes sur [sujet]. Je dois convaincre [public cible] de [objectif]. Organise ma présentation avec une introduction impactante, 3-4 points clés et une conclusion avec appel à l'action clair."
- **Pour préparer un argumentaire** : "Développe un argumentaire concis pour défendre [idée/proposition] face à [public/décideurs]. Anticipe les principales objections et suggère des réponses pertinentes."
- **Pour une intervention technique** : "Aide-moi à vulgariser [concept technique] pour une audience non-technique. Propose une structure en 3 points avec des analogies concrètes."

Un aspect souvent négligé dans la préparation des réunions concerne la synthèse préalable des documents pertinents. Si vous devez discuter d'un rapport ou d'une proposition, Copilot peut vous aider à en extraire rapidement l'essentiel pour alimenter votre intervention.

Pour cette utilisation, je vous suggère d'ouvrir le document concerné dans Word, puis de demander à Copilot : "Résume ce document en 5 points clés que je devrais aborder lors de notre réunion de demain. Identifie également 2-3 questions qui pourraient être soulevées par les participants." Cette approche vous permet d'arriver parfaitement préparé sans avoir à relire l'intégralité du document.

La préparation de réunions clients ou de négociations bénéficie particulièrement de l'assistance de Copilot. Une responsable commerciale de mon réseau utilise systématiquement ce prompt avant ses rendez-vous importants : "Prépare-moi 3 messages clés à transmettre lors de ma rencontre avec [client], en tenant compte de leur secteur d'activité [secteur] et de leurs enjeux actuels [enjeux]. Suggère également 5 questions ouvertes que je pourrais poser pour mieux comprendre leurs besoins."

L'anticipation des questions ou objections constitue le troisième pilier d'une préparation efficace. Combien de fois vous êtes-vous retrouvé déstabilisé par une question inattendue lors d'une réunion ? Copilot peut vous aider à anticiper ces scénarios et à préparer des réponses adaptées.

Dans Word ou OneNote, essayez ce prompt : "Pour ma présentation sur [sujet/projet], identifie les 10 questions ou objections les plus probables que je pourrais recevoir de la part de [public]. Pour chacune, suggère une réponse concise et convaincante."

Pour les réunions impliquant plusieurs départements ou parties prenantes, j'ai développé avec mes clients une approche par persona. Demandez à Copilot : "Pour notre réunion sur [sujet], liste les préoccupations spécifiques que pourraient avoir chacun de ces profils : la direction financière, l'équipe opérationnelle, les ressources humaines et le marketing. Suggère comment adapter mon discours pour répondre à ces préoccupations."

Les réunions récurrentes, comme les points d'équipe hebdomadaires, peuvent facilement tomber dans la routine et perdre en efficacité. Pour revitaliser ces moments, essayez ce prompt : "Propose une structure innovante pour notre réunion d'équipe hebdomadaire afin de la rendre plus dynamique. Inclus des formats d'interaction variés et des méthodes pour maximiser l'engagement de tous les participants."

Pour les réunions de brainstorming ou d'idéation, Copilot peut vous aider à préparer des activités stimulantes. J'ai testé avec succès ce prompt : "Génère 3 activités d'échauffement créatif de 5-10 minutes pour introduire notre session de brainstorming sur [thème]. Chaque activité doit encourager la pensée latérale et aider l'équipe à sortir des sentiers battus."

L'intégration de ces pratiques dans votre routine préparatoire peut sembler demander un effort initial, mais les gains de temps sont immédiats et substantiels. Un chef de projet avec qui je travaille m'a confié qu'après deux semaines d'utilisation de ces techniques, sa préparation de réunions était non seulement plus rapide, mais aussi plus complète et stratégique.

La beauté de cette approche réside également dans son effet cumulatif. Chaque réunion bien préparée génère généralement un compte-rendu plus clair, qui à son tour facilite la préparation de la réunion suivante. Vous créez ainsi un cercle vertueux d'efficacité qui se renforce au fil du temps.

Un dernier conseil pratique : créez un document OneNote ou Word avec votre bibliothèque personnelle de prompts pour la préparation de réunions. Organisez-les par type de réunion (équipe, client, direction, brainstorming) et affinez-les progressivement en fonction des résultats obtenus. Cette ressource deviendra un actif précieux qui évoluera avec votre expérience de Copilot.

L'utilisation combinée de ces techniques pour la préparation d'ordres du jour, d'interventions et l'anticipation des questions vous permettra de transformer radicalement votre approche des réunions. Au-delà du gain de temps évident, vous constaterez une amélioration qualitative de vos échanges professionnels, avec des réunions plus structurées, plus focalisées et ultimement plus productives.

Dans le prochain chapitre, nous explorerons comment Copilot peut révolutionner votre création de contenu dans Word, en vous permettant de générer rapidement des premiers jets et des plans de documents. Cette compétence complétera parfaitement votre nouvelle maîtrise de la gestion d'emails et de réunions, vous offrant un arsenal complet pour optimiser votre communication professionnelle quotidienne.

2. Accélérer la Création et la Synthèse de Contenus Professionnels

La création de contenus professionnels constitue l'une des activités les plus chronophages dans notre environnement de travail moderne. Qu'il s'agisse de rédiger un rapport détaillé, de créer une présentation convaincante ou de synthétiser des informations complexes, ces tâches nous demandent un investissement considérable en temps et en énergie cognitive. C'est précisément dans ce domaine que Copilot M365 peut transformer radicalement votre productivité quotidienne.

Mes observations auprès de centaines de professionnels français révèlent un constat édifiant : nous passons en moyenne 30% de notre temps de travail à créer ou modifier des documents et des présentations. Un cadre type consacre environ 12 heures par semaine à ces activités, souvent au détriment de tâches à plus forte valeur ajoutée comme la réflexion stratégique, l'innovation ou les interactions humaines.

L'intégration de Copilot dans Word et PowerPoint représente une opportunité sans précédent de récupérer une partie significative de ce temps. Lors de mes formations, je constate régulièrement que les utilisateurs qui maîtrisent ces fonctionnalités réduisent de 40% à 60% le temps consacré à la création de contenus, tout en améliorant souvent la qualité et la clarté de leurs productions.

Ce chapitre vous guidera à travers quatre domaines clés où Copilot excelle particulièrement dans la création et la synthèse de contenus professionnels :

- **Génération de premiers jets et de plans structurés :** comment partir d'une page blanche et obtenir rapidement une base solide pour vos documents
- **Reformulation et adaptation de contenus existants :** techniques pour transformer vos textes en fonction de différents contextes ou publics
- **Conversion de documents Word en présentations PowerPoint :** méthodes pour générer automatiquement des diapositives à partir de vos rapports ou notes
- **Organisation visuelle d'idées complexes :** approches pour synthétiser et présenter visuellement des concepts ou des données

La puissance de Copilot dans ce domaine réside dans sa capacité à comprendre non seulement le contenu textuel, mais aussi le contexte professionnel et l'intention qui sous-tend votre démarche. Contrairement aux outils d'IA génériques, Copilot a accès à l'ensemble de votre écosystème Microsoft 365, ce qui lui permet de puiser dans vos documents existants, vos emails, vos notes de réunion et autres sources d'information pour générer un contenu véritablement pertinent.

Pour tirer pleinement parti de ces capacités, nous explorerons d'abord l'utilisation de Copilot dans Word. Vous découvrirez comment surmonter le syndrome de la page blanche en générant des premiers jets structurés à partir de simples idées ou concepts. Je vous montrerai comment formuler vos prompts pour obtenir exactement le type de contenu dont vous avez besoin, qu'il s'agisse d'un rapport analytique, d'une note de synthèse ou d'une proposition commerciale.

Un aspect particulièrement apprécié par mes clients concerne la capacité de Copilot à analyser rapidement des documents existants. Imaginez pouvoir extraire en quelques secondes les points clés d'un rapport de 30 pages, ou transformer un document technique complexe en une communication accessible à un public non spécialisé. Ces fonctionnalités de synthèse et de reformulation vous feront gagner un temps précieux tout en augmentant l'impact de vos communications.

Le passage de Word à PowerPoint représente souvent un défi chronophage pour les professionnels. La bonne nouvelle ? Copilot excelle dans cette transition. Nous explorerons comment transformer automatiquement vos documents Word en présentations structurées, en conservant les points essentiels tout en adoptant un format visuel adapté. Cette fonctionnalité à elle seule peut vous faire économiser plusieurs heures par semaine si vous préparez régulièrement des présentations.

La visualisation de l'information constitue un autre domaine où Copilot peut considérablement accélérer votre travail. En quelques prompts bien formulés, vous pourrez générer des schémas conceptuels, des organigrammes ou des représentations visuelles d'idées complexes. Cette capacité s'avère particulièrement précieuse pour rendre accessibles des concepts abstraits ou structurer visuellement une réflexion.

L'aspect le plus révolutionnaire de ces fonctionnalités est peut-être leur capacité à libérer votre créativité. En déléguant les aspects les plus mécaniques de la création de contenu à Copilot, vous pouvez concentrer votre énergie sur l'affinement, la personnalisation et l'ajout de votre expertise unique. Comme me l'a confié une responsable marketing : "Maintenant, je passe 20% de mon temps à créer la structure et 80% à l'enrichir de ma valeur ajoutée, alors qu'avant c'était exactement l'inverse."

Vous vous demandez peut-être si les contenus générés par Copilot manquent de personnalité ou semblent trop génériques. C'est une préoccupation légitime que partagent de nombreux utilisateurs avant de se lancer. Mon expérience montre que la qualité du résultat dépend essentiellement de deux facteurs : la précision de votre prompt initial et votre capacité à affiner le contenu généré. Dans ce chapitre, je vous partagerai les techniques éprouvées pour obtenir des productions qui reflètent véritablement votre style et votre expertise.

Les gains de productivité que vous pouvez espérer varient naturellement selon votre rôle et la fréquence à laquelle vous créez des documents ou des présentations. Pour vous donner un ordre d'idée, voici quelques métriques observées chez mes clients :

- Les rédacteurs de contenu (marketing, communication) réduisent leur temps de création de 30% à 50%
- Les consultants diminuent leur temps de préparation de livrables de 25% à 40%
- Les managers économisent 2 à 3 heures par semaine sur la création de présentations
- Les équipes RH accélèrent la production de documentation de 35% en moyenne

Ces chiffres ne représentent que la partie quantitative du gain. L'aspect qualitatif est tout aussi important : clarté accrue, meilleure structuration, cohérence renforcée. Plusieurs de mes clients rapportent que leurs documents générés avec l'aide de Copilot reçoivent des retours plus positifs, tant sur le fond que sur la forme.

Un aspect souvent négligé concerne la réduction du stress lié aux deadlines serrées. La pression temporelle affecte négativement notre créativité et notre capacité d'analyse. En accélérant significativement la phase initiale de création, Copilot vous permet de respecter plus facilement vos échéances tout en maintenant une qualité optimale. Cette sérénité retrouvée représente un bénéfice difficile à quantifier mais très tangible au quotidien.

Pour maximiser l'efficacité de Copilot dans la création de contenu, je vous recommande de développer progressivement deux compétences complémentaires : l'art du prompt précis et la capacité d'édition stratégique. La première vous permettra d'obtenir rapidement un contenu proche de vos attentes, tandis que la seconde vous aidera à transformer ce contenu généré en une production véritablement personnalisée et professionnelle.

Je vous propose une approche en trois temps pour chaque cas d'usage que nous explorerons dans ce chapitre :

1. **Définition claire de l'objectif** : formuler précisément ce que vous souhaitez obtenir
2. **Génération assistée par Copilot** : utiliser des prompts optimisés pour générer un contenu de base
3. **Personnalisation experte** : enrichir et affiner le contenu généré avec votre expertise unique

Cette méthode vous garantit un équilibre optimal entre gain de temps et personnalisation, vous évitant l'écueil d'un contenu trop générique ou standardisé.

Les techniques que nous explorerons dans ce chapitre s'appliquent à une multitude de documents professionnels courants : rapports d'activité, propositions commerciales, supports de formation, communications internes, présentations client, notes de synthèse, et bien d'autres. La versatilité de Copilot vous permet d'adapter ces approches à presque tous les types de contenus que vous créez régulièrement.

Un point important à garder à l'esprit : Copilot n'est pas conçu pour remplacer votre expertise ou votre jugement professionnel. Son rôle est de vous libérer des aspects les plus chronophages et répétitifs de la création de contenu, vous permettant ainsi de vous concentrer sur ce qui nécessite véritablement votre valeur ajoutée. C'est dans cette complémentarité entre l'IA et l'intelligence humaine que réside le véritable potentiel transformatif de Copilot.

Dans les sections qui suivent, nous plongerons dans le détail de chaque cas d'usage, avec des exemples concrets, des prompts spécifiques et des conseils pratiques pour intégrer ces nouvelles méthodes dans votre routine de création de contenu.

Préparez-vous à transformer radicalement votre approche de la rédaction et de la présentation de l'information professionnelle.

2.1 Transformer Votre Rédaction dans Word avec l'Assistance de Copilot

2.1.1 Créer des Premiers Jets et Plans de Documents Sans Effort

L'angoisse de la page blanche représente l'un des plus grands freins à la productivité dans la création de documents professionnels. Qui n'a jamais fixé un document Word vierge pendant de longues minutes, voire des heures, en cherchant par où commencer ? Cette paralysie créative coûte un temps précieux aux professionnels de tous secteurs. Mes observations auprès des entreprises montrent qu'un cadre moyen peut passer jusqu'à 40% de son temps de rédaction simplement à démarrer et structurer ses documents.

Copilot dans Word transforme radicalement cette phase initiale de création. Lors d'une session de formation avec une équipe marketing, j'ai chronométré le temps nécessaire pour générer le premier jet d'une note de synthèse : 3 minutes avec Copilot contre 25 minutes en rédaction traditionnelle. Cette accélération spectaculaire libère votre énergie cognitive pour la personnalisation et l'expertise plutôt que pour la mise en forme et la structuration basique.

La capacité de Copilot à générer des plans de documents constitue sa fonctionnalité la plus immédiatement utile pour démarrer vos projets d'écriture. Imaginez pouvoir obtenir instantanément une structure complète, logique et adaptée à votre sujet, que vous n'aurez plus qu'à enrichir de votre expertise spécifique. Cette approche transforme votre processus créatif en vous permettant de partir d'un cadre solide plutôt que du néant.

Pour exploiter pleinement cette fonctionnalité, le choix du prompt initial s'avère crucial. La qualité du plan généré dépend directement de la précision de votre demande. Voici quelques prompts particulièrement efficaces que j'ai testés et affinés avec mes clients :

- **Pour un plan standard** : "Crée un plan détaillé pour un document Word sur [sujet précis]. Le document doit couvrir [aspects spécifiques] et s'adresser à [public cible]. Structure le plan avec une introduction, 3-4 parties principales subdivisées en sous-parties, et une conclusion."

- **Pour un document professionnel formel** : "Génère la structure complète d'un rapport professionnel sur [sujet]. Inclus les sections standard comme résumé exécutif, contexte, méthodologie, analyse, recommandations et annexes. Pour chaque section, suggère 2-3 sous-sections pertinentes."

- **Pour une proposition commerciale** : "Crée un plan détaillé pour une proposition commerciale destinée à [client/secteur] concernant [produit/service]. Inclus des sections sur le contexte client, les besoins identifiés, notre solution, les bénéfices attendus, le calendrier de déploiement et le budget. Pour chaque section, suggère des points clés à développer."

La magie de Copilot réside dans sa capacité à adapter la structure proposée en fonction du contexte fourni. Plus vous êtes précis dans la description de votre objectif, de votre public et des contraintes éventuelles, plus le plan généré sera pertinent et utilisable.

Un responsable RH que j'accompagne utilise systématiquement cette approche pour ses documents de politique interne. Il commence par demander : "Génère un plan détaillé pour une politique de télétravail destinée à une entreprise de services de 150 personnes. La politique doit couvrir les critères d'éligibilité, le processus de demande, les obligations de l'employeur et du salarié, les aspects techniques et de sécurité, et les modalités d'évaluation. Pour chaque section, propose 3-4 points spécifiques à aborder."

En moins d'une minute, il obtient une structure complète qu'il peut ensuite personnaliser et enrichir selon les spécificités de son entreprise. Cette méthode lui permet d'économiser environ 45 minutes par document tout en garantissant qu'aucun aspect important n'est oublié.

Au-delà des plans, Copilot excelle dans la génération de premiers jets complets. Cette fonctionnalité s'avère particulièrement précieuse pour les types de documents standardisés ou récurrents. Dans Word, invoquez Copilot et essayez ces formulations qui ont fait leurs preuves :

- **Pour un compte-rendu** : "Rédige un premier jet de compte-rendu de réunion sur [sujet] avec les participants [noms ou fonctions]. Les points abordés étaient : [liste des sujets]. Les décisions prises concernent : [liste des décisions]. Prévois une section pour les actions à entreprendre."

- **Pour une note d'information** : "Génère une note d'information interne sur [sujet d'actualité/changement]. La note doit expliquer le contexte, les implications pour notre organisation, et les prochaines étapes. Adopte un ton informatif et rassurant."

- **Pour un cahier des charges** : "Crée la première version d'un cahier des charges pour [projet/produit]. Inclus les sections suivantes : contexte et objectifs, périmètre, exigences fonctionnelles, contraintes techniques, livrables attendus, calendrier et budget estimatif."

La personnalisation fine de votre prompt initial garantit des résultats plus directement exploitables. Un consultant que j'ai formé ajoute systématiquement des précisions sur le style et le format souhaités : "Utilise un style concis et factuel avec des phrases courtes. Structure le document avec des titres numérotés et des listes à puces pour les points clés."

Cette spécification stylistique permet d'obtenir un document qui correspond déjà à vos préférences formelles, réduisant encore le temps d'édition nécessaire.

Lors de mes ateliers, les participants s'étonnent souvent de la qualité des premières versions générées par Copilot. Un directeur commercial a obtenu une proposition commerciale initiale si pertinente qu'il n'a eu besoin que de 15 minutes d'ajustements pour la finaliser, contre plus de deux heures habituellement. La clé de ce succès résidait dans la richesse du contexte fourni dans son prompt : informations précises sur le client, historique de la relation, besoins spécifiques identifiés, et solutions envisagées.

Pour maximiser l'efficacité de vos premiers jets, je vous recommande cette séquence en trois temps que j'ai optimisée avec mes clients :

1. **Génération du plan** : Commencez par demander uniquement la structure du document
2. **Validation et ajustement** : Modifiez le plan si nécessaire pour qu'il corresponde parfaitement à vos besoins
3. **Génération du contenu par sections** : Plutôt que de générer tout le document d'un coup, demandez à Copilot de développer chaque section séparément avec des prompts spécifiques

Cette approche progressive vous permet de garder le contrôle sur la direction du document tout en bénéficiant de l'assistance de Copilot pour la rédaction.

La création de documents techniques ou spécialisés bénéficie également de cette méthode. Une ingénieure avec qui je travaille l'utilise pour ses rapports d'analyse : "Rédige la section méthodologie d'un rapport technique sur [sujet précis]. Cette section doit décrire [processus/outils spécifiques], justifier leur choix, et préciser les limites méthodologiques. Utilise le vocabulaire technique approprié du domaine [domaine d'expertise]."

Cette capacité à générer du contenu spécialisé, bien que nécessitant une revue experte approfondie, permet de gagner un temps considérable sur la formulation initiale et la structuration logique.

Un aspect particulièrement apprécié par mes clients concerne la génération d'introductions et de conclusions percutantes. Ces parties, souvent chronophages, peuvent être rapidement produites avec des prompts comme : "Rédige une introduction engageante pour un document sur [sujet] qui capte l'attention, présente les enjeux principaux et annonce clairement la structure du document à suivre."

La véritable valeur de cette approche réside dans le changement de paradigme qu'elle introduit. Vous ne partez plus d'une page blanche angoissante, mais d'une base structurée que vous pouvez critiquer, modifier et améliorer. Ce changement psychologique transforme votre relation à l'écriture professionnelle, la rendant moins stressante et plus efficace.

Pour intégrer efficacement cette méthode dans votre workflow quotidien, je suggère de créer un document recueillant vos prompts les plus efficaces par type de document. Cette bibliothèque personnelle évoluera avec votre expérience et vous permettra d'atteindre rapidement un niveau d'efficacité optimal avec Copilot.

L'optimisation du temps de rédaction ne se limite pas à la génération initiale. Copilot peut également enrichir vos documents existants sur demande. Si vous avez déjà un plan ou un brouillon mais que vous souhaitez l'étoffer, essayez ce prompt : "Développe cette section de mon document en ajoutant des détails sur [aspect spécifique], des exemples concrets et des données de contexte pertinentes."

Cette dimension interactive de votre collaboration avec Copilot représente peut-être sa force la plus subtile mais la plus puissante. Vous n'êtes plus face à un processus linéaire de création mais engagé dans un dialogue créatif qui stimule votre propre réflexion et enrichit progressivement votre document.

Dans la prochaine section, nous explorerons comment Copilot peut vous aider à reformuler et adapter vos textes pour différents publics, vous permettant ainsi de réutiliser intelligemment vos contenus existants et de communiquer efficacement avec diverses parties prenantes.

2.1.2 REFORMULER ET ADAPTER VOS TEXTES POUR DIFFÉRENTS PUBLICS

La capacité à reformuler un même contenu pour différents publics représente un avantage concurrentiel majeur dans l'environnement professionnel actuel. Combien de fois avez-vous rédigé un document technique pour ensuite devoir le transformer en communication accessible à des non-spécialistes ? Ce processus, traditionnellement chronophage, est désormais considérablement simplifié grâce à Copilot dans Word.

Mes clients sont souvent stupéfaits lors de nos ateliers quand je leur montre cette fonctionnalité. Une responsable marketing a récemment économisé près de deux heures en adaptant son brief produit technique en trois versions distinctes : une pour son équipe technique, une pour la direction générale, et une pour les équipes commerciales. Cette prouesse, réalisée en moins de 15 minutes avec Copilot, illustre parfaitement le potentiel de gain de temps sur les tâches de reformulation.

Pour maîtriser l'art de la reformulation avec Copilot, commençons par explorer les cas d'usage les plus courants où cette fonctionnalité excelle particulièrement :

- **Adaptation du niveau technique** : simplifier un document expert pour un public non-initié ou, à l'inverse, enrichir un texte généraliste avec des précisions techniques
- **Changement de ton et de style** : transformer un texte formel en communication plus détendue, ou l'inverse
- **Modification de la structure** : réorganiser un contenu pour mettre en avant différents aspects selon le public visé
- **Ajustement de la longueur** : condenser un document long en version synthétique ou développer un texte concis
- **Adaptation culturelle** : ajuster un contenu pour différentes sensibilités culturelles ou contextes organisationnels

La clé pour exploiter pleinement cette fonctionnalité réside dans la précision de vos prompts. Ouvrez votre document Word contenant le texte à reformuler, puis sélectionnez le passage concerné. Invoquez Copilot (généralement via l'icône dans la barre latérale ou le raccourci clavier configuré) et essayez ces formulations qui ont fait leurs preuves auprès de mes clients :

- **Pour simplifier un texte technique** : "Reformule ce texte pour un public non-technique. Simplifie le vocabulaire spécialisé, explique les concepts complexes avec des analogies simples, et conserve uniquement les informations essentielles à la compréhension générale."

- **Pour adapter à un public exécutif** : "Transforme ce contenu en une synthèse adaptée à un comité de direction. Mets en évidence les implications stratégiques, les impacts financiers et les décisions requises. Adopte un style concis et direct, orienté résultats."

- **Pour un ton plus formel** : "Reformule ce texte avec un ton plus formel et professionnel. Élimine les expressions familières, structure le contenu de manière plus académique, et renforce la précision des termes utilisés tout en maintenant la clarté du propos."

Un cas particulièrement intéressant concerne l'adaptation interculturelle. Une directrice des ressources humaines internationale m'a confié utiliser régulièrement ce prompt : "Adapte cette communication initialement conçue pour une équipe française à un public international composé principalement de collaborateurs américains et asiatiques. Ajuste le style, élimine les références culturelles trop spécifiques, et clarifie les points qui pourraient prêter à confusion."

La reformulation pour différents niveaux hiérarchiques constitue un autre cas d'usage à fort impact. Un chef de projet technique utilise cette formulation : "Transforme cette explication technique détaillée en trois versions : une pour les ingénieurs de l'équipe avec tous les détails techniques, une pour les managers intermédiaires focalisée sur les implications projet et ressources, et une synthèse pour la direction générale centrée sur les bénéfices business et les risques stratégiques."

L'adaptation de la longueur d'un document représente également un gain de temps significatif. Pour condenser un texte, j'utilise souvent ce prompt : "Résume ce document en conservant uniquement les informations essentielles. Réduis la longueur d'environ 70% tout en préservant les points clés, les données critiques et la logique d'ensemble. Élimine les exemples redondants et les explications secondaires."

À l'inverse, pour développer un contenu trop concis, essayez : "Enrichis ce texte synthétique avec plus de détails, d'exemples concrets et d'explications. Développe particulièrement les aspects [aspects spécifiques] qui méritent plus de clarifications. Double approximativement la longueur initiale tout en maintenant la clarté et la cohérence."

Une responsable de communication que j'accompagne a développé une méthodologie particulièrement efficace pour créer rapidement des versions adaptées de ses contenus corporate. Elle commence par rédiger une version "source" complète, puis utilise Copilot pour dériver systématiquement des variantes pour ses différentes parties prenantes. Sa matrice d'adaptation inclut :

1. **Version web** : "Transforme ce texte en format web optimisé avec des paragraphes courts, des intertitres accrocheurs, et un style engageant qui favorise la lecture écran."
2. **Version email** : "Adapte ce contenu pour un format email direct. Commence par l'essentiel, structure en paragraphes courts, et termine par un appel à l'action clair."
3. **Version présentation** : "Convertis ce texte en contenu adapté pour des diapositives. Extrait les points clés, crée des titres impactants, et suggère des visuels ou graphiques potentiels."

Pour les entreprises opérant dans des secteurs réglementés, l'adaptation de contenu entre experts et grand public présente un défi particulier. Un avocat d'affaires de mon réseau utilise Copilot pour transformer ses analyses juridiques techniques en communications accessibles pour ses clients non-juristes. Son prompt type : "Reformule cette analyse juridique pour un public d'entrepreneurs sans formation légale. Remplace le jargon juridique par des termes courants, explique les implications pratiques de chaque point, et structure le texte autour des actions concrètes à entreprendre."

La dimension pédagogique de la reformulation mérite également attention. Un formateur utilise régulièrement ce prompt : "Adapte ce contenu technique pour en faire un support de formation. Intègre des questions de réflexion, des exemples pratiques, et une progression logique des concepts du plus simple au plus complexe. Ajoute des suggestions d'activités ou d'exercices pour renforcer l'apprentissage."

L'intelligence de Copilot se révèle particulièrement dans sa capacité à conserver l'essence et les informations critiques d'un texte tout en modifiant profondément sa forme. Pour maximiser cette capacité, soyez précis dans vos instructions sur ce qui doit absolument être préservé. Par exemple : "Reformule ce rapport en version vulgarisée tout en conservant impérativement les données chiffrées, les conclusions principales et les recommandations stratégiques."

Un aspect souvent négligé concerne l'adaptation des exemples et métaphores selon le public. Un consultant en stratégie utilise ce prompt spécifique : "Adapte ce document initialement conçu pour le secteur bancaire à un public du secteur santé. Remplace les exemples financiers par des analogies pertinentes dans le domaine médical, tout en conservant les principes et méthodologies fondamentales."

Une dimension créative de la reformulation implique le changement de format narratif. Un responsable innovation que j'accompagne transforme ses rapports techniques en storytelling engageant avec ce prompt : "Convertis ce rapport factuel en format narratif. Crée une structure qui raconte une histoire avec un contexte initial, des défis, des découvertes et une résolution. Personnifie les concepts clés si pertinent et maintiens l'engagement du lecteur tout au long du texte."

Pour intégrer cette pratique dans votre workflow quotidien, je vous recommande de créer une bibliothèque personnelle de prompts de reformulation adaptés à vos publics récurrents. Catégorisez-les par type d'adaptation (technique/non-technique, long/court, formel/informel) pour les retrouver facilement quand le besoin se présente.

La véritable puissance de cette fonctionnalité réside dans son potentiel d'itération rapide. Une directrice éditoriale de mon réseau utilise Copilot pour générer simultanément plusieurs variantes d'un même contenu, qu'elle peut ensuite tester auprès d'échantillons de ses publics cibles avant de finaliser la version optimale. Cette approche "test and learn" accélérée transforme radicalement son processus créatif.

L'adaptation temporelle constitue une autre dimension intéressante. Un historien d'entreprise utilise ce prompt : "Adapte ce texte écrit dans un style contemporain pour qu'il reflète le style d'écriture et les préoccupations des années [décennie spécifique]. Ajuste le vocabulaire, les références et le ton en conséquence, tout en préservant les informations factuelles essentielles."

Certains utilisateurs avancés combinent la reformulation avec d'autres fonctionnalités de Copilot. Une rédactrice technique utilise d'abord la reformulation pour adapter son contenu à différents publics, puis demande à Copilot d'analyser les écarts entre les versions pour identifier les éléments qui nécessitent une attention particulière dans sa communication multi-audience.

Pour les textes particulièrement sensibles ou stratégiques, je conseille une approche en deux temps : d'abord une reformulation générale du texte, puis une seconde phase ciblée sur des passages spécifiques nécessitant une attention particulière. Cette méthode permet un contrôle plus fin sur le résultat final tout en bénéficiant de l'efficacité de Copilot.

Mes observations auprès de nombreux utilisateurs montrent que cette fonctionnalité de reformulation génère non seulement des gains de temps significatifs, mais améliore également la qualité de la communication en encourageant une réflexion plus profonde sur les besoins spécifiques de chaque audience. Comme l'a si bien formulé un directeur de communication : "Copilot m'oblige à clarifier exactement ce que je veux communiquer à chaque public, ce qui rend mes messages plus percutants."

Dans la prochaine section, nous explorerons comment Copilot peut transformer radicalement votre processus de création de présentations PowerPoint, en générant automatiquement des diapositives structurées à partir de vos documents Word. Cette fonctionnalité complémentaire vous permettra de constituer un écosystème de création de contenu fluide et cohérent à travers les différentes applications Microsoft 365.

2.2 Produire des Présentations PowerPoint Impactantes Plus Vite

2.2.1 Générer des Diapositives à Partir de Vos Documents Word

La création de présentations PowerPoint représente l'une des tâches les plus chronophages dans l'environnement professionnel moderne. Mes clients me rapportent régulièrement passer entre 3 et 6 heures sur une présentation importante, dont une grande partie du temps consacrée simplement à transformer un contenu textuel existant en format diapositives. Cette conversion manuelle est non seulement fastidieuse mais aussi sujette aux erreurs et incohérences.

L'intégration de Copilot dans PowerPoint révolutionne complètement ce processus en vous permettant de générer automatiquement des diapositives structurées à partir de vos documents Word. Cette fonctionnalité que je qualifie souvent de "magique" lors de mes démonstrations suscite invariablement des réactions d'étonnement. Un directeur commercial avec qui j'ai travaillé récemment a transformé un document stratégique de 15 pages en une présentation de 20 diapositives en moins de 10 minutes, une tâche qui lui aurait normalement pris près de 3 heures.

Pour exploiter cette fonctionnalité, vous disposez de deux approches principales que j'ai testées et optimisées avec mes clients. La première consiste à utiliser Copilot directement depuis Word pour générer une présentation à partir de votre document actif. La seconde implique de commencer dans PowerPoint et d'importer le contenu d'un document Word existant.

Commençons par la méthode directe depuis Word, souvent la plus efficace. Ouvrez votre document Word et assurez-vous qu'il est bien structuré avec des titres et sous-titres clairement définis.

Idéalement, utilisez les styles de titre intégrés (Titre 1, Titre 2, etc.) pour faciliter la reconnaissance de la structure par Copilot. Cliquez ensuite sur le bouton Copilot dans la barre d'outils ou utilisez le raccourci clavier correspondant. Dans le panneau qui s'ouvre, essayez ce prompt que j'ai affiné au fil de nombreuses sessions :

"Transforme ce document en une présentation PowerPoint professionnelle. Crée un titre accrocheur pour la diapositive de couverture. Organise le contenu en respectant la structure des titres du document. Limite-toi à maximum 15-20 diapositives pour maintenir l'impact. Pour chaque diapositive, extrais uniquement les points essentiels et suggère des visuels pertinents."

Ce prompt de base fonctionne remarquablement bien, mais vous pouvez l'affiner selon vos besoins spécifiques. Si votre document est particulièrement long, j'ajoute souvent cette précision : "Concentre-toi sur les sections [noms des sections] qui sont les plus importantes pour cette présentation."

Une directrice marketing de mon réseau a développé cette variante particulièrement efficace : "Crée une présentation PowerPoint à partir de ce document en adoptant une structure narrative claire avec : introduction du contexte et enjeux, situation actuelle et défis, solutions proposées, bénéfices attendus et prochaines étapes. Limite-toi à 12 diapositives maximum et suggère un titre impactant pour chacune."

La deuxième méthode consiste à partir de PowerPoint directement. Ouvrez PowerPoint et créez une nouvelle présentation. Cliquez sur le bouton Copilot, puis utilisez un prompt comme celui-ci : "Génère une présentation à partir du document Word suivant : [nom exact du document]. Extrais-en les points clés et structure-les en maximum 15 diapositives avec une mise en page professionnelle."

Cette approche nécessite que le document Word soit accessible dans votre environnement Microsoft 365, généralement via OneDrive ou SharePoint. L'avantage est que vous pouvez directement spécifier le modèle ou le thème de présentation que vous souhaitez utiliser.

Pour maximiser la qualité des présentations générées, j'ai identifié plusieurs bonnes pratiques à travers mes expériences avec différents clients :

- **Structurez clairement votre document source** : Utilisez systématiquement les styles de titre hiérarchiques dans Word pour indiquer clairement la structure que Copilot devra suivre
- **Incluez des éléments visuels dans vos prompts** : Précisez si vous souhaitez des graphiques, des images ou des diagrammes
- **Spécifiez le style et le ton** : Indiquez si vous préférez un style minimaliste, détaillé, formel ou décontracté
- **Ciblez votre audience** : Mentionnez qui sera le public de votre présentation pour adapter le niveau de détail et le vocabulaire

Un consultant que j'accompagne utilise cette formulation qui donne d'excellents résultats : "Transforme ce document Word en présentation PowerPoint pour des dirigeants. Le temps de présentation est de 20 minutes maximum. Mets l'accent sur les données chiffrées, les perspectives business et les recommandations stratégiques. Adopte un style visuel épuré et professionnel avec des diapositives peu chargées en texte."

Les présentations générées par Copilot représentent un excellent point de départ, mais nécessitent généralement quelques ajustements. Je recommande toujours à mes clients de prévoir 15 à 20 minutes supplémentaires pour personnaliser le résultat, notamment pour :

1. **Affiner les titres des diapositives** pour les rendre plus impactants

2. **Ajuster la quantité de texte** sur chaque diapositive, en visant l'idéal de "moins de 30 mots par diapositive"
3. **Intégrer votre charte graphique** spécifique et vos éléments visuels propriétaires
4. **Compléter les suggestions visuelles** avec des images ou graphiques réels

Pour les présentations particulièrement importantes, j'utilise une approche en deux temps qui s'est révélée très efficace. D'abord, je génère le squelette de la présentation avec Copilot, puis j'enrichis ce premier jet en demandant à Copilot d'approfondir des diapositives spécifiques. Par exemple : "Développe la diapositive n°5 sur les avantages concurrentiels en incluant plus de données comparatives et en suggérant un graphique pertinent."

Cette méthode progressive vous permet de garder le contrôle sur la structure globale tout en bénéficiant de la puissance de génération de contenu de Copilot pour les détails.

Un responsable formation avec qui je travaille a développé un cas d'usage particulièrement intéressant : transformer des supports de formation détaillés en présentations synthétiques pour différents publics. Il utilise ce prompt : "Convertis ce module de formation Word en trois présentations distinctes : une version détaillée pour les formateurs (20 diapositives), une version intermédiaire pour les participants (15 diapositives), et une synthèse pour les managers (8 diapositives)."

Cette capacité à dériver plusieurs formats à partir d'un contenu source unique illustre parfaitement la puissance de Copilot pour optimiser votre production de contenus.

La conversion de documents complexes comme des rapports d'analyse ou des études de marché bénéficie particulièrement de cette fonctionnalité. Un analyste financier de mon réseau utilise systématiquement Copilot pour transformer ses rapports trimestriels en présentations pour son comité de direction. Son prompt type : "Transforme ce rapport financier trimestriel en présentation PowerPoint de 12 diapositives maximum. Structure-la avec : synthèse des KPIs, analyse des écarts budget/réel, focus sur les 3 points d'attention principaux, et recommandations. Inclus des visualisations pour chaque section de données chiffrées."

Les présentations commerciales représentent un autre cas d'usage à fort impact. Un commercial que j'accompagne a développé cette formulation : "Convertis cette proposition commerciale Word en présentation client de 10 diapositives maximum. Structure-la selon le parcours client : situation actuelle et points de douleur, solution proposée, bénéfices spécifiques, témoignages clients similaires, investissement et ROI, et prochaines étapes. Adopte un ton persuasif mais factuel."

Pour les présentations techniques ou scientifiques, il est souvent utile de spécifier le niveau de vulgarisation souhaité. Une chercheuse avec qui je travaille utilise cette approche : "Transforme ce rapport technique en présentation PowerPoint accessible à un public non-expert. Simplifie les concepts complexes sans les dénaturer, utilise des analogies claires et des représentations visuelles pour faciliter la compréhension. Limite le jargon technique aux termes essentiels."

La traduction linguistique combinée à la conversion de format représente un cas d'usage particulièrement puissant. Un directeur international utilise régulièrement cette fonctionnalité : "Convertis ce document français en présentation PowerPoint en anglais pour nos partenaires américains. Adapte non seulement la langue mais aussi les références culturelles et les exemples pour qu'ils soient pertinents pour ce public."

L'un des aspects les plus appréciés de cette fonctionnalité concerne son impact sur la cohérence visuelle. Copilot génère des présentations visuellement équilibrées, avec une densité d'information homogène entre les diapositives. Cette cohérence professionnelle est particulièrement valorisée dans les contextes formels comme les présentations à des clients ou à la direction.

Pour les utilisateurs qui collaborent régulièrement sur des présentations en équipe, Copilot offre un avantage supplémentaire : il crée une base commune que chacun peut ensuite enrichir selon son expertise. J'ai observé plusieurs équipes adopter ce workflow : un premier membre génère la structure via Copilot, puis partage le document pour que chaque expert complète les sections relevant de sa compétence.

Un point important à noter concerne la gestion des données chiffrées et des tableaux. Si votre document Word contient des tableaux complexes, précisez dans votre prompt comment vous souhaitez qu'ils soient traités. Par exemple : "Pour les tableaux de données, crée des diapositives dédiées avec des graphiques synthétiques plutôt que de reproduire les tableaux complets."

L'intégration de cette pratique dans votre routine professionnelle peut suivre une approche progressive que je recommande à tous mes clients :

1. **Phase d'exploration** : Commencez par tester la fonctionnalité sur des documents courts et non critiques
2. **Phase d'adoption** : Intégrez-la pour des présentations internes ou de moindre enjeu
3. **Phase d'optimisation** : Affinez vos prompts et développez vos templates personnalisés
4. **Phase d'intégration complète** : Adoptez cette méthode comme standard pour tous vos besoins de présentation

Cette progression vous permettra d'identifier les ajustements nécessaires et de développer votre propre bibliothèque de prompts efficaces selon vos contextes professionnels spécifiques.

Dans la prochaine section, nous explorerons comment utiliser Copilot pour améliorer encore davantage vos présentations en organisant visuellement vos idées. Vous découvrirez comment générer des diagrammes, des organigrammes et d'autres représentations visuelles qui transformeront vos concepts abstraits en communications claires et impactantes.

2.2.2 SYNTHÉTISER ET ORGANISER VOS IDÉES VISUELLEMENT AVEC L'IA

La représentation visuelle des idées constitue l'un des défis majeurs dans la création de présentations PowerPoint percutantes. Mes clients expriment régulièrement leur frustration face à la difficulté de transformer des concepts abstraits ou des données complexes en visuels clairs et impactants. Cette étape cruciale peut facilement consommer une à deux heures par présentation, même pour des professionnels expérimentés.

L'intégration de Copilot dans PowerPoint révolutionne complètement cette dimension de votre travail créatif. Au-delà de la simple génération de diapositives à partir de documents existants, Copilot excelle particulièrement dans l'organisation visuelle des idées. Cette fonctionnalité transforme radicalement la façon dont vous conceptualisez et structurez vos présentations.

Lors d'un atelier avec une équipe marketing, j'ai assisté à un moment de pure stupéfaction lorsqu'une participante a demandé à Copilot de créer un schéma visuel expliquant le parcours client omnicanal de leur entreprise. En moins de 30 secondes, Copilot a généré une représentation visuelle claire et pertinente que l'équipe aurait normalement mis plusieurs heures à concevoir manuellement.

Pour exploiter cette capacité, commençons par explorer les différents types de représentations visuelles que Copilot peut générer efficacement :

- **Diagrammes de processus** : flux de travail, étapes séquentielles, cycles

- **Organigrammes conceptuels** : hiérarchies d'idées, arbres de décision
- **Graphiques relationnels** : interconnexions entre concepts ou entités
- **Cartes mentales** : organisation radiale des idées autour d'un concept central
- **Matrices d'analyse** : comparaisons bidimensionnelles (type matrice SWOT)
- **Timelines** : représentations chronologiques de projets ou d'évolutions

L'approche la plus directe pour générer ces visuels consiste à ouvrir PowerPoint, créer une nouvelle diapositive vierge, puis invoquer Copilot. La formulation de votre prompt déterminera la qualité et la pertinence du résultat obtenu. Voici quelques prompts particulièrement efficaces que j'ai optimisés avec mes clients :

- **Pour un diagramme de processus** : "Crée un diagramme visuel montrant le processus de [nom du processus] en [nombre] étapes clés. Utilise un design simple, des icônes pertinentes et une progression logique. Ajoute un titre clair et des descriptions concises pour chaque étape."

- **Pour une carte conceptuelle** : "Génère une carte conceptuelle organisée autour du concept central de [concept principal]. Inclus les [nombre] branches principales suivantes : [liste des concepts liés]. Pour chaque branche, ajoute 2-3 sous-concepts pertinents. Utilise un code couleur cohérent pour faciliter la compréhension."

- **Pour une matrice d'analyse** : "Crée une matrice [type de matrice, ex : SWOT, coûts/bénéfices] pour analyser [sujet]. Organise les informations de manière claire avec des quadrants distincts et des puces pour chaque point. Utilise un design professionnel et des couleurs contrastées."

Un directeur de projet avec qui je travaille utilise régulièrement cette formulation pour ses timelines de projet : "Génère une timeline visuelle pour le projet [nom du projet] couvrant la période de [date début] à [date fin]. Identifie les [nombre] phases principales, les jalons clés, et les livrables attendus. Utilise un design horizontal avec des couleurs distinctes pour chaque phase et des icônes pertinentes pour les différents types d'événements."

La puissance de Copilot se révèle particulièrement dans sa capacité à organiser visuellement des concepts abstraits ou complexes. Une consultante en stratégie de mon réseau utilise cette approche pour présenter des modèles d'affaires : "Crée une représentation visuelle du modèle d'affaires de [entreprise/secteur]. Inclus les flux de valeur, les segments clients, les partenaires clés, les sources de revenus et la proposition de valeur. Organise ces éléments de manière intuitive avec des connecteurs logiques montrant leurs relations."

Pour maximiser la qualité des visuels générés, j'ai identifié plusieurs bonnes pratiques au fil de mes expérimentations :

1. **Soyez précis sur le format** : Indiquez clairement le type de représentation visuelle souhaité (diagramme, organigramme, matrice, etc.)
2. **Définissez la complexité** : Précisez le nombre d'éléments à inclure pour éviter une surcharge visuelle
3. **Guidez le style** : Mentionnez vos préférences stylistiques (minimaliste, coloré, avec icônes, etc.)
4. **Contextualisez l'usage** : Précisez si le visuel est destiné à une présentation formelle, un atelier collaboratif, etc.

Un aspect particulièrement intéressant concerne la génération itérative de visuels. Si le premier résultat ne correspond pas exactement à vos attentes, précisez votre demande en vous appuyant sur ce qui a été généré. Par exemple : "Reprends ce diagramme mais simplifie-le en réduisant à 4 étapes principales et ajoute une flèche circulaire pour montrer que le processus est continu."

Cette approche conversationnelle avec Copilot permet d'affiner progressivement votre visuel jusqu'à obtention du résultat souhaité. Un responsable formation que j'accompagne utilise systématiquement 2-3 itérations pour arriver au visuel parfait pour ses supports pédagogiques.

L'organisation visuelle de données quantitatives représente un autre cas d'usage à fort impact. Une analyste financière de mon réseau utilise cette formulation : "Transforme ces données chiffrées [liste des chiffres clés] en une infographie claire montrant [tendance ou comparaison principale]. Utilise un graphique de type [type de graphique] avec un titre explicite et une légende claire. Mets en évidence les points suivants : [points d'attention]."

La synthèse visuelle d'informations textuelles constitue également un domaine où Copilot excelle particulièrement. Une juriste d'entreprise m'a confié gagner un temps considérable en utilisant ce prompt : "Synthétise visuellement les [nombre] points clés de cette réglementation [nom/sujet]. Crée un schéma qui met en évidence les obligations principales, les échéances et les responsabilités. Utilise une organisation logique et des codes visuels permettant une compréhension immédiate."

Pour les présentations nécessitant une narration progressive, j'ai développé avec mes clients une technique de "construction visuelle séquentielle". L'idée est de demander à Copilot de créer non pas un seul visuel complexe, mais une série de diapositives montrant la construction progressive d'un concept. Le prompt type ressemble à ceci : "Crée une séquence de 3 diapositives montrant l'évolution du concept [concept] : la première avec seulement [élément de base], la deuxième ajoutant [éléments secondaires], et la troisième présentant le modèle complet avec [tous les éléments]. Maintiens une cohérence visuelle entre les diapositives."

Cette approche narrative visuelle s'avère particulièrement efficace pour les présentations pédagogiques ou pour introduire des concepts nouveaux auprès d'audiences non familières avec le sujet.

L'organisation visuelle d'idées issues de sessions de brainstorming représente un autre cas d'usage à forte valeur ajoutée. Un facilitateur d'intelligence collective utilise régulièrement Copilot pour transformer rapidement les outputs de ses ateliers en représentations visuelles structurées. Son prompt favori : "Organise visuellement ces idées issues d'un brainstorming : [liste d'idées]. Regroupe-les par thèmes logiques, identifie les connexions entre elles, et suggère une hiérarchisation. Crée un visuel clair qui pourrait servir de synthèse d'atelier."

La dimension émotionnelle de vos visuels ne doit pas être négligée. Les présentations les plus mémorables sont celles qui suscitent une réaction émotionnelle. J'encourage mes clients à intégrer cet aspect dans leurs prompts avec des formulations comme : "Génère un visuel impactant qui communique l'urgence de [situation/défi]. Utilise des éléments visuels évocateurs et une palette de couleurs qui renforce le message d'action immédiate."

Pour les équipes internationales, la création de visuels culturellement neutres ou adaptés constitue un défi supplémentaire. Une directrice des opérations internationales utilise cette approche : "Crée un diagramme explicatif du processus [nom] qui soit culturellement neutre et facilement compréhensible par des équipes multiculturelles. Évite les métaphores ou symboles spécifiques à une culture et privilégie une représentation universelle."

L'intégration de ces pratiques dans votre workflow quotidien peut suivre une approche progressive que je recommande à tous mes clients :

1. **Cartographie de vos besoins visuels récurrents** : Identifiez les types de représentations visuelles que vous créez régulièrement
2. **Création d'une bibliothèque de prompts** : Développez et affinez des prompts spécifiques pour chaque type de visuel
3. **Expérimentation guidée** : Testez vos prompts sur des projets non critiques pour les optimiser
4. **Standardisation** : Intégrez les prompts validés dans vos processus de création de présentation

Cette méthode vous permettra de constituer progressivement un arsenal d'outils de génération visuelle parfaitement adaptés à vos besoins spécifiques.

Le véritable gain de productivité ne se mesure pas uniquement en temps économisé, mais aussi en qualité accrue. Plusieurs de mes clients rapportent que leurs présentations générées avec l'assistance de Copilot reçoivent systématiquement des retours plus positifs en termes de clarté et d'impact visuel. Comme me l'a confié un directeur marketing : "Mes présentations sont non seulement produites deux fois plus vite, mais elles sont aussi deux fois plus mémorables."

Dans le prochain chapitre, nous explorerons comment Copilot peut transformer votre approche de l'analyse de données dans Excel. Vous découvrirez comment interroger vos tableaux en langage naturel pour obtenir instantanément des insights sans avoir à maîtriser des formules complexes. Cette capacité complète parfaitement les compétences de visualisation que nous venons d'explorer, vous permettant ainsi de passer rapidement des données brutes aux présentations visuelles impactantes.

3. Exploiter Copilot pour Analyser et Comprendre Vos Données

L'analyse de données constitue l'un des défis les plus complexes mais aussi les plus stratégiques dans notre environnement professionnel actuel. Dans mes accompagnements d'entreprises françaises, je constate régulièrement que de nombreuses décisions business cruciales sont retardées ou prises sur des bases approximatives, non par manque de données, mais par difficulté à les exploiter efficacement. Cette réalité freine considérablement la performance des organisations.

La promesse de Copilot dans ce domaine est révolutionnaire : transformer votre relation avec les données en éliminant les barrières techniques qui limitent traditionnellement leur exploitation. Fini le temps où l'analyse approfondie était réservée aux experts en tableaux croisés dynamiques ou aux data scientists. Copilot démocratise l'accès aux insights en vous permettant d'interroger vos données en langage naturel et d'obtenir des réponses instantanées.

J'ai été témoin de véritables moments d'émerveillement lors de mes formations lorsque des professionnels sans compétences techniques particulières parviennent à extraire en quelques secondes des informations qui leur auraient demandé des heures de travail auparavant. Un directeur commercial a littéralement laissé échapper un "C'est de la magie !" en voyant Copilot générer instantanément une analyse des tendances de ventes par région qu'il aurait mis une demi-journée à produire manuellement.

Dans ce chapitre, nous explorerons deux domaines principaux où Copilot transforme radicalement votre capacité à analyser et comprendre les données :

- **L'analyse de données Excel** : interrogation en langage naturel, extraction de tendances, création de visualisations pertinentes
- **L'exploitation des enregistrements Teams** : identification de décisions et actions, analyse des sentiments et de l'engagement

La puissance de Copilot pour l'analyse de données tient à sa capacité unique de comprendre à la fois le langage humain et la structure des informations. Contrairement aux approches traditionnelles qui nécessitent d'apprendre un langage technique (formules Excel, SQL, etc.), Copilot vous permet d'exprimer vos questions comme vous le feriez avec un collègue expert. Cette dimension conversationnelle change complètement le paradigme d'accès aux données.

Prenons un exemple concret que j'utilise souvent en formation. Imaginez un tableau Excel contenant trois ans de données de ventes avec des centaines de lignes détaillant produits, régions, clients et montants. Sans Copilot, extraire une information comme "Quels sont les trois produits ayant connu la plus forte croissance dans la région Sud-Ouest sur les 6 derniers mois comparé à la même période l'année dernière ?" nécessiterait de créer des formules complexes et probablement plusieurs tableaux croisés dynamiques.

Avec Copilot, vous posez simplement cette question en langage naturel, et en quelques secondes, vous obtenez non seulement la réponse, mais aussi un graphique pertinent illustrant la tendance. Cette accessibilité transforme radicalement la prise de décision en rendant l'information immédiatement disponible au moment où vous en avez besoin.

Le ROI de cette fonctionnalité se mesure sur plusieurs dimensions :

1. **Gain de temps** : des analyses qui prenaient des heures sont réalisées en minutes ou secondes
2. **Accessibilité** : des insights auparavant réservés aux experts deviennent disponibles pour tous
3. **Réactivité** : la capacité à obtenir rapidement des réponses à des questions business accélère le cycle de décision
4. **Exhaustivité** : l'exploration de grandes quantités de données devient possible sans filtrage préalable

Un aspect particulièrement intéressant concerne la découverte d'insights inattendus. En facilitant l'exploration des données, Copilot encourage une approche plus curieuse et exploratoire. Lors d'un atelier avec une équipe marketing, nous avons découvert une corrélation inattendue entre le jour de la semaine d'envoi des newsletters et le taux de conversion, simplement parce que la simplicité d'interrogation nous a permis de poser des questions que personne n'aurait pris le temps d'explorer auparavant.

L'analyse des enregistrements Teams représente un autre domaine où Copilot excelle particulièrement. Combien de décisions importantes prises en réunion se perdent dans le flou des souvenirs ou dans des notes incomplètes ? La capacité de Copilot à extraire automatiquement les points clés, décisions et actions à partir des enregistrements transforme complètement la gestion de l'information issue des échanges verbaux.

Un directeur de projet avec qui je travaille m'a confié : "Avant Copilot, environ 30% des actions décidées en réunion tombaient dans les oubliettes, créant frustration et retards. Maintenant, avec l'extraction automatique des tâches et leur assignation, ce chiffre est tombé à moins de 5%." Ce gain d'efficacité opérationnelle justifie à lui seul l'investissement dans Copilot pour de nombreuses équipes.

Pour maximiser la valeur de ce chapitre, je vous propose une approche structurée en quatre phases que vous pourrez appliquer à vos propres données :

1. **Phase de découverte** : explorer les possibilités d'interrogation en langage naturel avec des questions simples
2. **Phase d'approfondissement** : affiner progressivement vos questions pour obtenir des insights plus précis
3. **Phase de visualisation** : générer des représentations visuelles pertinentes à partir de vos données
4. **Phase d'action** : transformer les insights obtenus en décisions et actions concrètes

Cette progression vous permettra de passer de la simple curiosité à une exploitation stratégique des données avec Copilot comme partenaire d'analyse.

La véritable révolution ne se situe pas seulement dans la technologie elle-même, mais dans la démocratisation de l'accès aux données qu'elle permet. Dans les organisations où j'interviens, je constate que Copilot réduit considérablement l'asymétrie d'information entre les équipes techniques et les autres départements. Les décideurs peuvent désormais accéder directement aux insights sans dépendre systématiquement d'intermédiaires techniques, accélérant ainsi le cycle de décision.

Les exemples que je partagerai dans ce chapitre sont directement issus de situations réelles rencontrées avec mes clients français. Vous découvrirez comment une responsable RH a utilisé Copilot pour analyser les tendances d'absentéisme et identifier des facteurs corrélés que les rapports standards ne mettaient pas en évidence. Ou comment un contrôleur de gestion a réduit de 70% le temps consacré à l'analyse mensuelle des écarts budgétaires grâce à des prompts bien structurés dans Excel.

Une précision importante : Copilot n'est pas un outil magique qui remplace votre jugement ou votre expertise métier. Il s'agit plutôt d'un amplificateur de capacités qui vous libère des aspects techniques et répétitifs de l'analyse, vous permettant de concentrer votre intelligence sur l'interprétation et la décision. La combinaison de votre expertise contextuelle avec la puissance analytique de Copilot crée une synergie particulièrement efficace.

Pour tirer le meilleur parti de ce chapitre, je vous encourage à avoir sous la main un fichier Excel contenant des données réelles de votre activité, ainsi qu'un accès à Teams avec quelques enregistrements de réunions. Vous pourrez ainsi tester immédiatement les prompts et techniques que je partagerai, et constater par vous-même les gains de productivité qu'ils génèrent.

L'un des aspects souvent négligés de l'analyse assistée par IA concerne la qualité de formulation des questions. Dans les sections suivantes, je vous montrerai comment structurer vos prompts pour obtenir exactement l'information dont vous avez besoin. Cette compétence de "prompt engineering" appliquée à l'analyse de données constitue un véritable avantage compétitif dans l'environnement professionnel actuel.

Les cas d'usage que nous explorerons couvrent un large spectre de besoins professionnels : analyse des performances commerciales, suivi de projet, compréhension des tendances client, identification de problèmes opérationnels, optimisation de processus, et bien d'autres. Quel que soit votre secteur ou votre fonction, vous trouverez des applications directement transposables à votre contexte.

Un mot sur les limites actuelles : Copilot excelle dans l'analyse de données structurées dans des formats standard comme Excel ou extraites d'enregistrements Teams, mais peut être moins performant sur des données très spécialisées ou dans des formats propriétaires. Je vous indiquerai clairement ces limites lorsqu'elles existent et vous suggérerai des approches alternatives quand nécessaire.

Prêt à transformer votre approche de l'analyse de données ? Dans les prochaines sections, nous plongerons dans le détail des techniques qui vous permettront d'interroger vos données Excel en langage naturel et d'extraire des insights précieux de vos réunions Teams. Ces compétences ne sont plus optionnelles mais essentielles dans un monde professionnel où la donnée est devenue le carburant de la performance.

3.1 Interroger Vos Données Excel en Langage Naturel avec Copilot

3.1.1 Obtenir des Analyses et des Tendances Sans Formules Complexes

Excel représente un outil incontournable dans le monde professionnel, mais ses fonctionnalités avancées d'analyse restent souvent inaccessibles sans maîtrise des formules complexes ou des tableaux croisés dynamiques. Lors de mes formations, je constate que cette barrière technique prive de nombreux professionnels d'insights précieux enfouis dans leurs données. L'intégration de Copilot dans Excel change complètement la donne en démocratisant l'accès à l'analyse avancée.

La puissance de cette fonctionnalité m'a frappé lors d'un atelier avec une équipe commerciale. Le directeur des ventes, qui évitait habituellement Excel, a simplement demandé : "Quelles sont les trois régions ayant connu la plus forte croissance ce trimestre par rapport au précédent ?" En quelques secondes, Copilot a généré une réponse précise accompagnée d'un petit graphique illustratif. Une analyse qui aurait nécessité la création de formules SOMME.SI.ENS et de calculs de variation était soudainement accessible par une simple question en langage naturel.

Pour explorer efficacement cette fonctionnalité, commençons par comprendre son principe fondamental : Copilot dans Excel vous permet d'interroger vos données exactement comme vous poseriez une question à un analyste. Vous n'avez plus besoin de traduire votre besoin en langage technique Excel, mais pouvez directement exprimer votre question métier.

L'activation de Copilot dans Excel est simple. Ouvrez votre fichier contenant des données structurées (idéalement sous forme de tableau avec des en-têtes clairs), puis cliquez sur le bouton Copilot dans le ruban ou utilisez le raccourci Alt+C. Une fois le panneau

Copilot ouvert, vous pouvez commencer à poser vos questions directement en français.

La qualité des réponses obtenues dépend grandement de la formulation de vos questions. Voici quelques exemples de prompts particulièrement efficaces que j'ai testés et affinés avec mes clients :

- **Pour une analyse comparative simple** : "Compare les ventes entre les régions Nord et Sud sur les six derniers mois et indique le pourcentage d'écart."
- **Pour identifier des tendances** : "Quelle est la tendance d'évolution des ventes du produit X sur les 12 derniers mois ? Y a-t-il une saisonnalité visible ?"
- **Pour des analyses multidimensionnelles** : "Analyse les performances des commerciaux par région et par catégorie de produit. Qui performe le mieux dans chaque segment ?"
- **Pour des prévisions basiques** : "En te basant sur les données des deux dernières années, projette les ventes probables pour le prochain trimestre."

Un contrôleur de gestion avec qui je travaille a été particulièrement impressionné par la capacité de Copilot à identifier rapidement des anomalies. Son prompt favori est devenu : "Identifie les 5 postes de dépenses qui montrent les écarts les plus importants par rapport au budget prévisionnel et calcule le pourcentage de variation."

Les applications pratiques de cette fonctionnalité touchent pratiquement tous les métiers. En ressources humaines, une responsable formation utilise régulièrement cette approche : "Analyse les évaluations post-formation et identifie les trois modules les mieux notés et les trois ayant les scores les plus bas. Quels critères semblent expliquer ces différences ?"

Pour les analyses marketing, un responsable CRM a développé ce prompt particulièrement efficace : "Segmente notre base clients selon leur fréquence d'achat, leur panier moyen et leur ancienneté. Identifie les caractéristiques des segments à plus forte valeur."

La capacité de Copilot à réaliser des analyses croisées sans création manuelle de tableaux dynamiques constitue un gain de temps considérable. Un analyste financier de mon réseau utilise cette approche : "Croise les données de coûts par service avec leur évolution sur 12 mois et identifie les trois services montrant la plus forte augmentation en pourcentage et en valeur absolue."

Pour maximiser l'efficacité de cette fonctionnalité, j'ai identifié plusieurs bonnes pratiques à travers mes accompagnements clients :

1. **Structurez clairement vos données** : Organisez vos informations en tableaux avec des en-têtes explicites. Évitez les cellules fusionnées ou les structures trop complexes.
2. **Commencez par des questions simples** : Familiarisez-vous avec l'outil en posant d'abord des questions basiques avant de passer aux analyses plus complexes.
3. **Soyez précis dans vos demandes** : Spécifiez les périodes, les métriques et les dimensions que vous souhaitez analyser.
4. **Itérez progressivement** : Si la première réponse n'est pas exactement ce que vous cherchez, affinez votre question en ajoutant des détails.

Un aspect particulièrement puissant de Copilot dans Excel est sa capacité à expliquer les données dans leur contexte. Un directeur commercial utilise régulièrement ce prompt : "Explique les raisons potentielles de la baisse des ventes dans la région Est au troisième trimestre. Y a-t-il des facteurs corrélés visibles dans les données ?"

Cette dimension interprétative va au-delà de la simple extraction de chiffres. Copilot peut identifier des corrélations, suggérer des causalités potentielles et même proposer des pistes d'investigation supplémentaires. Un responsable marketing m'a confié que cette capacité lui avait permis d'identifier une corrélation inattendue entre le jour d'envoi de ses newsletters et le taux de conversion, une information qui serait probablement restée cachée sans cet outil.

Un autre cas d'usage à fort impact concerne l'analyse de données temporelles. Une directrice des opérations utilise cette formulation : "Analyse l'évolution mensuelle des délais de livraison sur l'année écoulée. Identifie les mois problématiques et suggère des facteurs explicatifs potentiels visibles dans les données (volume de commandes, région, transporteur...)."

Pour les équipes commerciales, l'analyse des performances représente un domaine d'application majeur. Un responsable grand compte a optimisé ce prompt : "Analyse la performance de chaque commercial en fonction de son taux de conversion, son délai moyen de signature et son panier moyen. Crée un classement combiné tenant compte de ces trois critères."

La traduction de données brutes en insights actionnables constitue une autre force de Copilot. Un chef de produit utilise régulièrement cette approche : "À partir des données de retours clients, identifie les trois principales sources d'insatisfaction et suggère les améliorations produit qui auraient le plus d'impact positif."

Pour les analyses plus complexes impliquant des conditions multiples, j'ai développé avec mes clients cette structure de prompt : "Analyse [données] en filtrant sur [condition 1] et [condition 2], puis groupe les résultats par [dimension]. Identifie les [nombre] principaux [éléments] selon [critère] et calcule [métrique]."

Par exemple : "Analyse nos ventes en filtrant sur les clients professionnels et les produits premium, puis groupe les résultats par région. Identifie les 5 principales combinaisons région-produit selon le chiffre d'affaires et calcule leur taux de croissance sur 12 mois."

Une dimension souvent négligée concerne l'analyse des valeurs manquantes ou aberrantes. Un analyste qualité utilise ce prompt : "Identifie dans ce jeu de données les valeurs aberrantes statistiques et les enregistrements comportant des informations manquantes. Quel impact ont-ils sur les moyennes et médianes calculées ?"

L'intégration des résultats d'analyse dans un narratif cohérent représente un autre cas d'usage apprécié. Une responsable reporting a développé cette approche : "Analyse les performances commerciales du dernier trimestre et rédige un résumé de 200 mots expliquant les principales tendances, les succès notables et les points de vigilance. Inclus 3-4 données chiffrées clés."

Pour les utilisateurs qui souhaitent comprendre la méthodologie derrière les analyses, j'ai développé cette variante de prompt : "Analyse [données selon besoin] et explique également la méthode de calcul que tu as utilisée pour arriver à ce résultat."

Cette transparence méthodologique s'avère particulièrement précieuse pour les utilisateurs qui souhaitent apprendre progressivement les formules Excel tout en bénéficiant de l'assistance de Copilot.

Un aspect pratique concernant la documentation des analyses mérite d'être souligné. Lorsque vous obtenez une analyse pertinente via Copilot, vous pouvez lui demander : "Crée une nouvelle feuille dans ce classeur contenant cette analyse et ajoute un paragraphe explicatif en commentaire." Cette pratique permet de conserver facilement une trace de vos analyses pour référence future ou partage avec des collègues.

La véritable puissance de cette fonctionnalité réside dans sa capacité à libérer votre esprit de la complexité technique pour vous concentrer sur les questions business pertinentes. Un directeur que j'accompagne m'a confié : "Avant Copilot, je passais 80% de mon temps à construire les analyses et 20% à les interpréter. Maintenant, ces proportions sont inversées."

Pour les présentations à la direction, j'ai développé avec plusieurs clients cette séquence de prompts particulièrement efficace :

1. "Analyse [données spécifiques] et identifie les 3-5 insights les plus importants d'un point de vue stratégique."
2. "Pour chacun de ces insights, suggère des actions concrètes que nous pourrions entreprendre."
3. "Synthétise ces informations en 5 points clés à présenter en CODIR."

Cette approche permet de passer rapidement des données brutes aux recommandations actionnables, en concentrant l'attention sur les éléments à plus fort impact.

En termes d'intégration dans votre workflow quotidien, je recommande de commencer par identifier 2-3 analyses récurrentes que vous réalisez manuellement et de créer des prompts standardisés pour ces besoins spécifiques. Cette approche ciblée vous permettra d'obtenir rapidement des gains de productivité mesurables tout en vous familiarisant progressivement avec les capacités de l'outil.

L'adoption progressive de Copilot pour l'analyse de données dans Excel transformera non seulement votre productivité, mais également votre relation à l'information. Vous passerez d'une approche réactive, où vous exploitez uniquement les données facilement accessibles, à une approche proactive où vous interrogez systématiquement vos données pour éclairer vos décisions quotidiennes.

3.1.2 CRÉER DES VISUALISATIONS DE DONNÉES PERTINENTES INSTANTANÉMENT

La visualisation de données représente l'un des défis majeurs pour les professionnels qui n'ont pas une formation spécifique en analyse de données. Dans mes formations, je constate régulièrement la frustration des participants face à la complexité de créer des graphiques pertinents dans Excel. Le processus traditionnel implique de sélectionner les données, choisir le bon type de graphique, configurer les axes, ajouter des légendes, et souvent recommencer plusieurs fois avant d'obtenir un résultat satisfaisant. Cette barrière technique prive de nombreux professionnels d'insights visuels qui pourraient transformer leur prise de décision.

L'intégration de Copilot dans Excel révolutionne complètement cette approche en vous permettant de générer des visualisations pertinentes par simple demande en langage naturel. Cette fonctionnalité que j'appelle souvent "le pont entre la donnée brute et l'insight visuel" élimine toute la complexité technique pour vous permettre de vous concentrer uniquement sur l'interprétation et la décision.

Lors d'un atelier récent avec une équipe marketing, une participante a formulé cette simple demande à Copilot : "Montre-moi l'évolution des ventes par canal sur les 12 derniers mois avec un graphique adapté." En quelques secondes, un graphique en ligne parfaitement formaté est apparu, révélant instantanément une tendance saisonnière que l'équipe n'avait pas identifiée auparavant. Ce moment "eurêka" illustre parfaitement la puissance de cette fonctionnalité pour démocratiser l'accès aux insights visuels.

Pour exploiter cette capacité transformative, commençons par comprendre les différents types de visualisations que Copilot peut générer. J'ai identifié quatre catégories principales particulièrement utiles en contexte professionnel :

- **Visualisations temporelles** : graphiques linéaires, courbes, histogrammes chronologiques idéaux pour montrer des évolutions et tendances
- **Visualisations comparatives** : diagrammes à barres, radar, histogrammes parfaits pour comparer des performances entre catégories
- **Visualisations proportionnelles** : camemberts, anneaux, treemaps excellents pour illustrer des répartitions et distributions
- **Visualisations relationnelles** : nuages de points, bulles, matrices pertinents pour identifier des corrélations et regroupements

La beauté de Copilot réside dans sa capacité à choisir automatiquement le type de visualisation le plus adapté à vos données et à votre question. Vous n'avez plus besoin de savoir quel graphique conviendrait le mieux, Copilot s'en charge pour vous en analysant la structure de vos données et l'intention de votre requête.

Pour obtenir des visualisations efficaces, la formulation de votre prompt est essentielle. Voici quelques exemples de prompts particulièrement efficaces que j'ai affinés avec mes clients :

- **Pour une visualisation temporelle** : "Crée un graphique montrant l'évolution des ventes mensuelles sur les 2 dernières années. Utilise des couleurs distinctes pour différencier les catégories de produits et ajoute une ligne de tendance."

- **Pour une comparaison multi-critères** : "Génère une visualisation comparant les performances des 5 commerciaux selon 3 critères : chiffre d'affaires, nombre de nouveaux clients et taux de renouvellement. Choisis le format le plus adapté pour cette comparaison multicritères."

- **Pour une analyse de distribution** : "Crée un visuel montrant la répartition de notre budget marketing entre les différents canaux. Mets en évidence les 2 postes les plus importants et ajoute les pourcentages sur le graphique."

Un responsable financier avec qui je travaille utilise régulièrement cette formulation pour ses rapports mensuels : "Génère une visualisation comparant les dépenses réelles et budgétées par département pour ce trimestre. Utilise un code couleur pour mettre en évidence les écarts supérieurs à 10% et ajoute un titre explicatif au graphique."

Pour maximiser l'impact de vos visualisations, j'ai identifié plusieurs bonnes pratiques à travers mes accompagnements clients :

1. **Précisez votre objectif analytique** : Indiquez clairement si vous cherchez à identifier des tendances, comparer des performances, montrer des proportions ou découvrir des corrélations
2. **Mentionnez les éléments de contexte** : Précisez les périodes, catégories ou dimensions spécifiques qui vous intéressent
3. **Demandez des améliorations visuelles** : N'hésitez pas à solliciter des codes couleurs, des annotations ou des mises en évidence d'éléments particuliers
4. **Itérez progressivement** : Si le premier résultat ne vous satisfait pas pleinement, affinez votre demande en précisant ce que vous souhaitez modifier

Une directrice marketing que j'accompagne a développé cette séquence de prompts particulièrement efficace pour ses analyses trimestrielles :

1. "Génère un premier graphique montrant l'évolution des ventes par région sur le dernier trimestre."

2. "Maintenant, ajoute une comparaison avec le trimestre précédent sur le même graphique."
3. "Mets en évidence les régions qui ont connu une croissance supérieure à 15% avec une couleur distinctive."
4. "Ajoute un titre et une légende explicative qui mettent en avant le message principal de cette visualisation."

Cette approche itérative lui permet d'affiner progressivement sa visualisation jusqu'à obtenir exactement ce qu'elle recherche, sans jamais avoir à manipuler techniquement le graphique elle-même.

Les visualisations combinées représentent un autre cas d'usage à fort impact. Un analyste commercial utilise fréquemment ce prompt : "Crée un dashboard visuel avec 3 graphiques sur la même page : un premier montrant l'évolution des ventes sur 12 mois, un second comparant les performances par région, et un troisième illustrant la répartition par catégorie de produit. Utilise une palette de couleurs cohérente entre les graphiques."

La contextualisation des visualisations par des éléments narratifs amplifie considérablement leur impact. Une responsable RH a développé cette approche : "Génère un graphique montrant l'évolution du taux de turnover par département sur les 4 derniers trimestres, puis ajoute 3-4 observations clés qui ressortent de cette visualisation."

Cette capacité à extraire et verbaliser les insights est particulièrement précieuse pour préparer rapidement des présentations à impact. Elle vous permet de passer directement des données au message, sans l'étape intermédiaire d'analyse technique.

Pour les analyses comparatives complexes, j'ai développé avec plusieurs clients cette structure de prompt : "Crée une visualisation qui compare [métrique 1], [métrique 2] et [métrique 3] pour [dimensions]. Utilise un format qui permet d'identifier facilement les [éléments] les plus performants selon une combinaison de ces critères. Ajoute des annotations pour les valeurs extrêmes."

Par exemple : "Crée une visualisation qui compare le taux de conversion, le panier moyen et le taux de retour client pour nos 5 principales gammes de produits. Utilise un format qui permet d'identifier facilement les gammes les plus performantes selon une combinaison de ces critères. Ajoute des annotations pour les valeurs extrêmes."

L'analyse des anomalies et valeurs atypiques bénéficie particulièrement de la visualisation assistée par Copilot. Un contrôleur de gestion utilise régulièrement ce prompt : "Génère un graphique qui met en évidence les valeurs inhabituelles ou statistiquement atypiques dans nos données de coûts opérationnels. Utilise des couleurs ou marqueurs spécifiques pour les points qui s'écartent significativement de la tendance générale."

Pour les présentations à la direction, la simplification visuelle des données complexes représente un enjeu majeur. Un directeur financier a développé cette formulation : "Crée une visualisation simplifiée qui résume notre situation financière trimestrielle en un seul graphique combinant revenu, marge et trésorerie. L'objectif est de communiquer clairement la tendance générale à des non-spécialistes financiers."

La dimension prédictive des visualisations offre une valeur ajoutée considérable. Une cheffe de produit utilise ce prompt : "À partir de nos données de vente des 24 derniers mois, génère un graphique incluant une projection pour les 6 prochains mois. Indique clairement la partie projection et ajoute une note sur la méthodologie utilisée pour cette prévision."

Pour maximiser l'impact visuel dans un contexte de présentation, pensez à demander explicitement des éléments narratifs. J'ai développé avec plusieurs clients cette approche : "Génère un graphique [type spécifique] sur [sujet/données], puis propose 3 points clés à mentionner lors de la présentation de ce visuel pour maximiser son impact."

Les visualisations géographiques représentent un autre domaine où Copilot excelle. Un responsable développement commercial utilise ce prompt : "Crée une visualisation montrant nos performances commerciales par région sur une carte de France. Utilise une échelle de couleurs pour représenter les niveaux de performance et ajoute les valeurs clés pour chaque région."

L'intégration de ces pratiques dans votre workflow quotidien peut suivre cette approche en quatre temps que je recommande à tous mes clients :

1. **Phase d'exploration** : Générez rapidement différents types de visualisations pour explorer vos données sous plusieurs angles
2. **Phase de sélection** : Identifiez les visualisations les plus pertinentes qui révèlent clairement les insights recherchés
3. **Phase d'affinage** : Perfectionnez ces visualisations en ajoutant contexte, annotations et éléments narratifs
4. **Phase de communication** : Intégrez ces visuels dans vos présentations avec les messages clés associés

Cette méthode progressive vous permet de transformer rapidement des données brutes en supports de communication visuels impactants, sans jamais avoir à maîtriser les aspects techniques de la création de graphiques.

Un aspect souvent négligé concerne la personnalisation stylistique des visualisations générées. Pour adapter les graphiques à votre charte graphique d'entreprise, essayez ce prompt : "Génère un graphique [description] en utilisant principalement les couleurs suivantes : [liste de codes couleur ou noms]. Utilise une police sans serif et un style minimaliste cohérent avec notre identité visuelle."

La véritable transformation apportée par cette fonctionnalité ne réside pas seulement dans le gain de temps, mais dans l'évolution fondamentale de votre relation aux données. Vous passez d'une posture où la création technique du visuel était l'enjeu principal à une situation où votre valeur ajoutée se concentre sur l'interprétation et la décision. Cette libération cognitive transforme votre efficacité professionnelle bien au-delà du simple gain de temps.

Dans la prochaine section, nous explorerons comment Copilot peut vous aider à extraire efficacement les informations clés de vos enregistrements Teams. Vous découvrirez comment transformer des heures de réunions en insights actionnables, complétant ainsi votre boîte à outils d'analyse assistée par l'IA.

3.2 Extraire les Informations Clés de Vos Enregistrements Teams

3.2.1 Identifier Rapidement les Décisions et Actions Issues des Réunions

La multiplicité des réunions Teams caractérise notre environnement professionnel moderne. Un manager français passe en moyenne 12 à 15 heures par semaine en réunions virtuelles, selon mes observations auprès des entreprises que j'accompagne. Cette accumulation génère un volume considérable d'informations orales dont l'exploitation traditionnelle reste problématique : prises de notes incomplètes, comptes-rendus chronophages, décisions perdues entre deux sessions.

Mes clients me partagent régulièrement leur frustration face à ce phénomène. "Je passe plus de temps en réunions qu'à mettre en œuvre ce qui y est décidé", me confiait récemment un directeur commercial. Cette réalité entrave non seulement la productivité individuelle mais compromet également l'efficacité collective lorsque les actions convenues se perdent dans les méandres des échanges verbaux.

La fonction d'extraction automatique d'informations clés de Copilot dans Teams représente une avancée majeure pour résoudre cette problématique. En analysant les enregistrements de vos réunions, l'IA peut identifier avec une précision remarquable les décisions prises, les actions assignées et les points importants discutés. Cette capacité transforme radicalement votre rapport aux réunions en garantissant que rien d'essentiel n'échappe à votre attention.

Pour bénéficier de cette fonctionnalité, vous devez d'abord activer l'enregistrement de votre réunion Teams. Cette étape préalable est cruciale et souvent négligée. Au début de la session, cliquez sur les trois points verticaux dans la barre de contrôle, puis sélectionnez

"Démarrer l'enregistrement". N'oubliez pas d'informer les participants que la réunion est enregistrée, par respect et conformité avec les règles de confidentialité.

Une fois la réunion terminée et l'enregistrement disponible, vous pouvez interroger Copilot de différentes manières pour extraire les informations essentielles. La méthode la plus directe consiste à accéder à l'enregistrement dans le chat de la réunion, puis à utiliser le bouton Copilot pour formuler votre demande d'analyse.

Les prompts que vous utilisez déterminent la qualité et la pertinence des informations extraites. Voici plusieurs formulations particulièrement efficaces que j'ai affinées au fil de mes formations :

- **Pour une extraction générale des actions** : "Identifie toutes les actions décidées pendant cette réunion, en précisant pour chacune la personne responsable, l'échéance si mentionnée, et le contexte de la décision."

- **Pour un focus sur des sujets spécifiques** : "Extrais les décisions et actions concernant le projet [nom du projet] discutées pendant cette réunion. Organise-les par priorité si cette information est disponible."

- **Pour une analyse temporelle** : "Identifie les échéances mentionnées pendant cette réunion, liste-les chronologiquement avec le contexte et les personnes concernées."

L'efficacité de ces extractions m'a particulièrement frappé lors d'un atelier avec une équipe projet. La directrice de projet a utilisé Copilot pour analyser l'enregistrement d'une réunion complexe impliquant huit participants et couvrant trois projets différents. En moins de deux minutes, elle a obtenu une liste structurée de toutes les actions décidées, avec les responsables clairement identifiés et les délais associés. Ce travail aurait normalement nécessité au moins 30 minutes de traitement manuel des notes.

Pour maximiser la valeur de cette fonctionnalité, j'ai développé une approche en trois temps que je recommande à tous mes clients :

1. **Extraction globale** : Commencez par demander une vue d'ensemble des décisions et actions
2. **Affinement ciblé** : Posez ensuite des questions plus spécifiques sur des aspects particuliers
3. **Organisation pragmatique** : Demandez enfin une structuration par priorité, date d'échéance ou responsable

Cette méthode progressive vous permet d'obtenir une vision complète puis de vous concentrer sur les aspects les plus pertinents pour votre contexte.

La capacité de Copilot à comprendre le contexte des décisions représente un atout majeur. Un prompt particulièrement utile est : "Pour chaque action identifiée, explique le raisonnement ou la discussion qui a mené à cette décision." Cette contextualisation enrichit considérablement la valeur de l'extraction et aide à comprendre les motivations sous-jacentes aux décisions prises.

La transformation de ces extractions en éléments actionnables constitue l'étape suivante de votre workflow. Je recommande cette formulation qui donne d'excellents résultats : "Transforme toutes les actions identifiées en format tâche avec responsable, échéance et description claire de ce qui est attendu. Présente le résultat sous forme de liste prête à être partagée."

L'intégration de ces extractions dans votre gestion de projet amplifie leur impact. Une responsable RH de mon réseau utilise systématiquement cette séquence après ses réunions d'équipe :

- Elle extrait d'abord les actions avec Copilot
- Elle demande ensuite : "Formate ces actions en tâches Microsoft Planner ou To Do"
- Elle copie le résultat dans son outil de gestion pour assignation officielle

Cette méthode lui permet de passer de la réunion à l'action en moins de cinq minutes, éliminant pratiquement le temps de traitement post-réunion qui occupait auparavant près de 25% de sa semaine.

La dimension collaborative de cette fonctionnalité mérite également votre attention. En partageant systématiquement les extractions d'actions dans le chat de la réunion, vous créez une compréhension commune et une responsabilisation collective. J'encourage mes clients à utiliser un prompt comme : "Résume les principales décisions et actions de cette réunion dans un format clair et concis, adapté pour être partagé immédiatement avec tous les participants."

L'analyse comparative entre différentes réunions sur un même sujet représente un cas d'usage avancé particulièrement pertinent. Une directrice de transformation que j'accompagne utilise cette approche : "Compare les décisions prises lors de cette réunion avec celles de notre session précédente du [date]. Identifie les évolutions, les contradictions éventuelles et les nouvelles orientations."

Cette perspective longitudinale permet de suivre l'évolution des décisions dans le temps et d'identifier d'éventuelles incohérences ou changements de direction qui auraient pu passer inaperçus.

Les réunions récurrentes, comme les points d'équipe hebdomadaires, bénéficient particulièrement de cette fonctionnalité. Un responsable technique de mon réseau a développé un prompt spécifique pour ce cas : "Extrais les actions décidées aujourd'hui et compare-les au suivi des actions de la semaine dernière. Identifie ce qui a été réalisé, ce qui est en retard et ce qui est nouveau."

Cette approche transforme l'extraction d'actions en un véritable outil de pilotage continu, renforçant la responsabilisation et le suivi d'une semaine à l'autre.

Pour les équipes internationales travaillant en anglais mais dont certains membres sont francophones, Copilot offre une valeur ajoutée supplémentaire. Demandez simplement : "Extrais les décisions et actions de cette réunion qui s'est déroulée en anglais et présente-les en français." Cette capacité de traduction contextuelle élimine les barrières linguistiques qui peuvent parfois entraver la bonne compréhension des engagements pris.

L'analyse des non-dits et des zones d'ombre constitue un aspect souvent négligé mais extrêmement précieux. Un prompt comme "Identifie les sujets ou questions qui ont été mentionnés mais non résolus pendant cette réunion" permet de capturer les points restés en suspens qui nécessiteront un suivi ultérieur.

Pour les managers supervisant plusieurs équipes, la vision consolidée des décisions et actions représente un enjeu majeur. Un directeur opérationnel de mon réseau utilise cette approche : "Analyse les enregistrements de mes trois dernières réunions d'équipe et génère un tableau de bord consolidé des actions en cours, organisées par projet et par responsable."

Cette consolidation multi-réunions offre une vision d'ensemble précieuse pour le pilotage global, impossible à obtenir manuellement sans un investissement temps considérable.

L'intégration de cette pratique dans une culture d'équipe demande un peu de temps mais génère des bénéfices durables. J'observe généralement trois phases d'adoption :

- **Phase initiale** : Extraction ponctuelle par le manager ou l'organisateur
- **Phase collaborative** : Partage systématique des extractions avec tous les participants
- **Phase intégrée** : Adoption par toute l'équipe comme pratique standard après chaque réunion

Les équipes qui atteignent la phase intégrée rapportent une amélioration significative de leur efficacité collective, avec une réduction des malentendus et une meilleure exécution des décisions prises.

L'exploitation de cette fonctionnalité présente d'autres bénéfices collatéraux souvent inattendus. La simple connaissance que les actions seront systématiquement extraites et suivies tend à rendre les réunions plus structurées et décisionnelles. Plusieurs clients m'ont rapporté une amélioration notable de la qualité de leurs réunions après quelques semaines d'utilisation systématique de cette fonction.

Dans la prochaine section, nous explorerons une dimension complémentaire et fascinante : l'analyse des sentiments et de l'engagement dans vos réunions Teams. Cette capacité vous permettra d'aller au-delà du contenu factuel pour comprendre les dynamiques interpersonnelles et les réactions émotionnelles qui influencent souvent les décisions bien plus que nous ne le réalisons.

3.2.2 ANALYSER LES SENTIMENTS ET ENGAGEMENTS DANS LES DISCUSSIONS

Au-delà des données factuelles et des actions concrètes, les réunions virtuelles recèlent une dimension souvent négligée mais cruciale : la dynamique émotionnelle et l'engagement des participants. Mes années d'expérience en formation m'ont appris qu'une grande partie de l'intelligence collective se manifeste à travers ces signaux subtils, ces fluctuations d'énergie et ces réactions non verbales qui échappent généralement aux comptes-rendus traditionnels.

La fonction d'analyse des sentiments et de l'engagement dans Copilot pour Teams représente une avancée fascinante dans notre capacité à comprendre ces dimensions humaines. Cette fonctionnalité transforme l'IA en un observateur attentif des dynamiques interpersonnelles, capable de détecter les moments d'enthousiasme, de désaccord, de confusion ou d'adhésion qui ponctuent vos échanges professionnels.

Lors d'un atelier récent avec une équipe de direction, j'ai utilisé cette fonctionnalité pour analyser l'enregistrement d'une réunion stratégique de deux heures. Les participants ont été stupéfaits par la précision avec laquelle Copilot avait identifié les sujets ayant suscité le plus d'engagement positif, les moments de tension sous-jacente, et les propositions ayant généré un consensus implicite. Ces insights, impossibles à capturer manuellement, leur ont permis de prioriser les initiatives avec une compréhension bien plus fine de l'adhésion réelle de l'équipe.

Pour accéder à cette fonctionnalité, vous devez disposer d'un enregistrement Teams. Une fois la réunion terminée et l'enregistrement disponible dans le chat, cliquez sur le bouton Copilot et utilisez des prompts spécifiques orientés vers l'analyse des sentiments et de l'engagement. Voici les formulations que j'ai trouvées particulièrement efficaces :

- **Pour une analyse globale de l'engagement** : "Analyse le niveau d'engagement des participants tout au long de cette réunion. Identifie les moments de forte participation et les sujets qui ont généré le plus d'interactions."

- **Pour détecter les variations d'énergie** : "Repère les fluctuations d'énergie et d'enthousiasme pendant cette réunion. Quels sujets ont suscité le plus d'animation ? À quels moments l'énergie a-t-elle semblé baisser ?"

- **Pour identifier les consensus et divergences** : "Analyse les réactions des participants et identifie les sujets sur lesquels il semble y avoir un fort consensus ou, au contraire, des opinions divergentes. Sur quels points les désaccords étaient-ils les plus marqués ?"

L'efficacité de cette fonctionnalité m'a particulièrement impressionné lors d'un projet avec une équipe marketing internationale. La directrice cherchait à comprendre pourquoi certaines campagnes proposées suscitaient peu d'enthousiasme lors de la mise en œuvre, malgré un apparent consensus en réunion. L'analyse de Copilot a révélé que plusieurs membres exprimaient un accord verbal mais montraient des signes de réticence non verbale ou adoptaient un langage nuancé qui traduisait des doutes. Cette prise de conscience a transformé leur processus décisionnel, en les incitant à creuser davantage les réserves implicites avant de valider les projets.

Pour exploiter pleinement cette fonctionnalité, j'ai développé cette méthodologie en trois phases que je vous invite à adopter :

1. **Analyse globale** : Commencez par une vision d'ensemble de la dynamique émotionnelle de la réunion
2. **Focus sur les points critiques** : Identifiez ensuite les moments clés ou les sujets ayant généré des réactions notables
3. **Croisement avec les décisions** : Analysez la corrélation entre les décisions prises et le niveau d'engagement observé

Cette approche progressive vous permet de construire une compréhension nuancée des dynamiques sous-jacentes qui influencent le succès de vos initiatives.

La capacité de Copilot à analyser l'engagement par participant offre des insights particulièrement précieux pour les managers. Un prompt comme "Analyse le niveau de participation et d'engagement de chaque membre de l'équipe pendant cette réunion. Identifie qui s'est montré particulièrement impliqué et qui est resté plus en retrait" permet d'obtenir une vision claire des dynamiques d'équipe, utile pour ajuster votre style d'animation ou pour des entretiens individuels.

Les réunions impliquant des présentations ou des pitchs bénéficient particulièrement de cette fonctionnalité. Un responsable innovation que j'accompagne utilise systématiquement ce prompt après les sessions de présentation de nouveaux concepts : "Analyse la réaction de l'audience à chaque partie de ma présentation. Identifie les concepts qui ont généré le plus d'intérêt et ceux qui ont suscité des questions ou de la confusion."

Cette analyse lui permet d'affiner continuellement ses présentations et de se concentrer sur les aspects qui résonnent le plus avec son public. Il estime que cette pratique a significativement amélioré son taux de conversion des idées en projets validés.

L'analyse des "non-dits" représente l'un des cas d'usage les plus puissants de cette fonctionnalité. Une directrice des ressources humaines utilise régulièrement ce prompt après des réunions sensibles : "Détecte les moments de tension ou de réticence non explicitement verbalisés pendant cette réunion. Y a-t-il des sujets sur lesquels les participants semblaient inconfortables ou hésitants malgré un accord apparent ?"

Cette capacité à détecter les signaux faibles lui permet d'identifier précocement des problématiques potentielles et d'organiser des suivis ciblés avant que les situations ne se dégradent. Elle m'a confié que cette approche avait considérablement amélioré le climat social dans son organisation, en permettant de traiter les préoccupations avant qu'elles ne deviennent des conflits ouverts.

Pour les réunions client, l'analyse de sentiment prend une dimension stratégique évidente. Un directeur commercial de mon réseau a développé ce prompt spécifique : "Analyse le niveau de satisfaction et d'adhésion du client tout au long de cette réunion. Identifie les moments où il a montré de l'enthousiasme et ceux où des doutes ou des préoccupations semblaient présents. Quels sont les points qui nécessiteraient une clarification lors de notre prochain échange ?"

Cette intelligence émotionnelle augmentée lui permet d'ajuster ses propositions commerciales avec une précision remarquable et d'anticiper les objections avant qu'elles ne deviennent bloquantes.

L'évolution de l'engagement dans le temps sur un même sujet constitue un autre angle d'analyse particulièrement révélateur. Pour les projets de longue durée, essayez ce prompt : "Compare l'engagement et l'enthousiasme de l'équipe concernant le projet X entre cette réunion et celle d'il y a trois mois. L'adhésion au projet semble-t-elle se renforcer ou s'éroder ? Quels aspects suscitent une évolution de perception notable ?"

Cette perspective longitudinale vous permet de détecter précocement des signaux de fatigue projet ou, au contraire, de montée en puissance de l'adhésion collective, vous offrant ainsi des leviers d'action précieux pour votre pilotage.

L'intégration de ces analyses dans votre processus décisionnel peut suivre ce workflow en quatre étapes que j'ai optimisé avec plusieurs équipes :

1. **Collecte des insights émotionnels** via Copilot après chaque réunion clé
2. **Croisement avec les décisions et actions** identifiées
3. **Identification des écarts** entre adhésion apparente et engagement réel
4. **Ajustement de votre stratégie** de communication ou de votre plan d'action

Cette méthode vous permet de construire une intelligence émotionnelle collective augmentée, qui complète parfaitement les dimensions factuelles de vos suivis de projet.

Une dimension souvent négligée concerne la détection des "champions" implicites de certaines idées ou initiatives. Un prompt comme "Identifie les participants qui ont montré le plus d'enthousiasme et de soutien pour chacune des initiatives discutées" vous permet d'identifier des alliés potentiels pour porter vos projets, même s'ils ne se sont pas explicitement positionnés comme tels durant la réunion.

L'analyse des questions posées offre également des insights précieux sur les préoccupations sous-jacentes de votre équipe ou de vos clients. Essayez ce prompt : "Analyse les questions posées pendant cette réunion. Quelles sont les préoccupations principales qui semblent émerger ? Y a-t-il des thèmes récurrents dans ces questions ?"

Les moments de silence et leur interprétation constituent un autre domaine où Copilot peut vous apporter une perspective unique. Un prompt comme "Identifie les moments de silence significatifs pendant cette réunion et suggère leur possible interprétation dans le contexte de la discussion" vous aide à comprendre ces pauses qui peuvent traduire une réflexion profonde, un désaccord silencieux ou une confusion face à certains sujets.

La détection des leaders d'opinion informels au sein de vos équipes représente un cas d'usage à forte valeur ajoutée pour les managers. Une responsable d'équipe utilise régulièrement ce prompt : "Identifie les participants dont les interventions semblent avoir le plus d'influence sur l'opinion collective ou le ton des échanges durant cette réunion."

Cette compréhension des dynamiques d'influence lui permet d'adapter sa stratégie de conduite du changement en mobilisant ces leaders informels comme relais de transformation.

Pour les équipes internationales travaillant en contexte multiculturel, l'analyse des différences d'expression émotionnelle selon les cultures représente un enjeu majeur. Un prompt comme "Analyse comment les participants de différentes cultures expriment leur adhésion ou leurs réserves pendant cette réunion. Y a-t-il des différences notables dans les styles de communication et d'expression émotionnelle ?" vous aide à décoder ces variations culturelles qui peuvent parfois conduire à des malentendus.

L'intégration de ces analyses dans vos rapports de projet apporte une dimension humaine souvent absente des suivis traditionnels. Un directeur de transformation que j'accompagne a développé ce format hybride : "Génère un rapport de suivi de projet qui intègre à la fois l'avancement factuel des tâches et l'évolution de l'engagement de l'équipe sur les différents chantiers, en t'appuyant sur l'analyse de notre dernière réunion."

Cette approche holistique lui permet d'adresser simultanément les dimensions rationnelles et émotionnelles de ses projets, augmentant significativement ses chances de succès à long terme.

Dans le prochain chapitre, nous explorerons comment Copilot peut transformer votre approche de la collaboration et optimiser vos processus métiers. Vous découvrirez comment fluidifier le partage d'informations et co-créer efficacement en équipe grâce à l'intelligence artificielle, complétant ainsi votre arsenal d'outils pour une productivité augmentée dans toutes les dimensions de votre travail.

4. Optimiser la Collaboration et les Processus Métiers avec Copilot

La collaboration représente le cœur battant des organisations modernes. Dans mon travail avec diverses entreprises françaises, j'observe quotidiennement comment la qualité des interactions entre collaborateurs détermine souvent le succès ou l'échec des initiatives. Cette réalité s'est intensifiée avec l'adoption massive des modes de travail hybrides, créant un besoin critique d'outils facilitant les échanges et la coordination malgré la distance.

Copilot M365 transforme radicalement cette dimension collaborative en introduisant un assistant IA capable d'unifier, fluidifier et accélérer vos processus de travail collectifs. Après avoir exploré dans les chapitres précédents l'optimisation individuelle de votre productivité, nous abordons maintenant la puissance véritable de Copilot : sa capacité à transformer les dynamiques d'équipe et les processus métiers dans leur ensemble.

L'enjeu est considérable. Mes observations auprès d'organisations françaises révèlent qu'environ 30% du temps de travail est consacré à des tâches de coordination, de partage d'information et de mise en contexte. Cette "charge collaborative" représente un coût caché mais réel pour votre entreprise. Imaginez l'impact de réduire cette charge de moitié tout en améliorant la qualité des interactions et des livrables collectifs.

La promesse de Copilot dans cette dimension collaborative s'articule autour de trois axes majeurs que nous explorerons en profondeur dans ce chapitre :

- **L'alignement contextuel** : comment Copilot permet à chacun d'accéder rapidement aux informations pertinentes, réduisant les asymétries de connaissance qui freinent souvent les projets
- **La co-création augmentée** : comment l'IA transforme les processus d'élaboration conjointe de documents, présentations et autres livrables
- **L'intégration dans les workflows métiers** : comment adapter Copilot à vos processus spécifiques pour automatiser les tâches répétitives et libérer du temps pour la réflexion stratégique

Le changement de paradigme est profond. Nous passons d'outils collaboratifs passifs, simples contenants d'information, à des assistants actifs qui participent à la création de valeur. Cette évolution rappelle le passage de la simple vidéoconférence à la collaboration synchrone dans un document partagé, mais avec une dimension supplémentaire : l'intelligence artificielle comme membre à part entière de votre équipe virtuelle.

Chaque introduction d'un nouvel outil dans un écosystème de travail soulève légitimement des questions sur son intégration harmonieuse. J'entends souvent cette préoccupation : "Copilot ne risque-t-il pas de fragmenter davantage notre environnement de travail déjà complexe ?" Ma réponse est claire et basée sur l'expérience : bien déployé, Copilot agit comme un agent unificateur qui comble les fossés entre applications, entre collaborateurs, et entre différents niveaux d'expertise technique.

Une responsable de transformation digitale avec qui je travaille m'a confié récemment : "Nous utilisions déjà toute la suite M365, mais c'était comme avoir une bibliothèque sans bibliothécaire. Copilot nous a apporté ce guide qui connaît tous les rayons et peut rapidement nous orienter vers l'information pertinente." Cette métaphore illustre parfaitement le rôle central de Copilot dans l'écosystème collaboratif moderne.

Pour comprendre pleinement le potentiel de Copilot dans l'optimisation de vos processus collaboratifs, considérons ces statistiques issues de mes interventions auprès d'équipes françaises :

- Les collaborateurs passent en moyenne 2,5 heures par jour à chercher des informations ou à remettre en contexte leurs collègues
- Une information importante est typiquement redondante dans 7 à 12 emplacements différents (emails, documents, chats, etc.)
- Les équipes consacrent environ 20% de leur temps de réunion à clarifier des malentendus ou des incompréhensions liés à un manque de contexte partagé

Ces chiffres révèlent l'ampleur du gaspillage cognitif et temporel engendré par une collaboration sous-optimale. C'est précisément ce gisement de productivité que Copilot peut vous aider à exploiter.

La puissance collaborative de Copilot se manifeste à travers des cas d'usage concrets qui transforment radicalement l'expérience de travail en équipe. Parmi les plus impactants que j'ai observés :

1. **L'onboarding accéléré** sur de nouveaux projets ou pour de nouveaux collaborateurs
2. **La préparation collective de documents stratégiques** assistée par IA
3. **L'automatisation de workflows métiers** récurrents mais complexes
4. **Le partage contextuel d'informations** entre équipes ou départements
5. **La capture et diffusion de connaissances tacites** au sein de l'organisation

Ces applications pratiques dépassent largement la simple dimension d'efficience. Elles transforment qualitativement la nature même des interactions professionnelles en créant ce que j'appelle "l'intelligence collective augmentée" : une synergie entre l'expertise humaine et les capacités analytiques et synthétiques de l'IA.

Un exemple particulièrement frappant vient d'une équipe marketing internationale avec qui je collabore. Avant Copilot, leurs réunions créatives transfrontalières souffraient de barrières linguistiques subtiles et d'asymétries d'information. L'introduction de sessions de co-création assistées par Copilot a profondément transformé leur dynamique. L'IA joue désormais le rôle d'un facilitateur linguistique et contextuel, permettant à chacun d'accéder instantanément aux connaissances pertinentes et d'exprimer ses idées sans friction technique ou culturelle.

L'approche que je vous propose dans ce chapitre repose sur trois principes fondamentaux que j'ai développés et affinés au fil de mes accompagnements :

- **Le principe de contextualisation intelligente** : utiliser Copilot pour créer un socle commun d'information accessible à tous
- **Le principe d'itération accélérée** : exploiter l'IA pour réduire drastiquement les cycles de création collaborative
- **Le principe d'extension fluide** : déployer Copilot comme prolongement naturel de vos processus existants, non comme rupture

Ces principes vous guideront vers une intégration harmonieuse et productive de Copilot dans votre écosystème collaboratif.

La dimension temporelle mérite une attention particulière. L'un des bénéfices les plus tangibles rapportés par mes clients concerne l'accélération spectaculaire des cycles de travail collaboratif. Des projets qui nécessitaient auparavant plusieurs semaines d'allers-retours peuvent désormais être menés à bien en quelques jours grâce à Copilot. Cette compression temporelle ne se fait pas au détriment de la qualité, bien au contraire : elle résulte d'une élimination des frictions inutiles et des temps morts dans les processus collaboratifs.

Une directrice des opérations m'a récemment confié : "Notre processus d'élaboration budgétaire impliquait traditionnellement cinq départements et durait six semaines. Avec l'intégration de Copilot dans notre workflow, nous l'avons réduit à deux semaines tout en améliorant la précision de nos projections." Ce gain spectaculaire illustre le potentiel transformatif de Copilot lorsqu'il est déployé stratégiquement dans vos processus métiers critiques.

La personnalisation représente un autre aspect essentiel de l'intégration réussie de Copilot dans vos workflows collaboratifs. Contrairement aux idées reçues, Copilot n'est pas un outil monolithique qui impose une façon de travailler standardisée. Sa puissance réside au contraire dans sa flexibilité et sa capacité d'adaptation à vos processus métiers spécifiques.

Je consacrerai une section entière de ce chapitre à vous montrer comment adapter précisément les prompts et les usages de Copilot à différentes fonctions professionnelles : vente, marketing, RH, finance, etc. Cette approche sur mesure garantit que l'outil s'intègre naturellement dans vos workflows existants plutôt que de vous forcer à modifier vos pratiques pour l'accommoder.

L'intelligence collective amplifiée par Copilot se manifeste également dans sa capacité à créer des ponts entre différentes expertises et différents niveaux hiérarchiques. Un phénomène fascinant que j'observe régulièrement est la diminution des "silos informationnels" lorsque les équipes adoptent Copilot comme assistant collaboratif. L'IA joue alors un rôle de traducteur entre différents jargons professionnels et facilite le dialogue transverse.

Les compétences développées dans ce chapitre s'inscrivent dans une vision plus large de transformation de votre organisation. Au-delà des gains immédiats de productivité, l'adoption collaborative de Copilot pose les fondations d'une culture d'entreprise plus agile, plus inclusive et plus innovante. Les équipes qui maîtrisent l'art de la collaboration assistée par IA développent naturellement des réflexes d'apprentissage continu et d'adaptation rapide.

Pour maximiser la valeur de ce chapitre, je vous recommande d'identifier dès maintenant un ou deux processus collaboratifs dans votre organisation qui pourraient bénéficier d'une optimisation par Copilot. Il peut s'agir de la gestion de projet, de l'élaboration de propositions commerciales, du processus de recrutement, ou de tout autre workflow impliquant plusieurs parties prenantes et nécessitant un partage fluide d'information.

Cette approche ciblée vous permettra d'appliquer immédiatement les techniques que nous allons explorer et d'obtenir des résultats tangibles. Comme pour les chapitres précédents, mon objectif n'est pas de vous proposer une théorie abstraite, mais des méthodes concrètes que vous pourrez implémenter dès demain dans votre quotidien professionnel.

Dans les sections suivantes, nous plongerons dans le détail de ces techniques collaboratives, en commençant par l'utilisation de Copilot pour récupérer et partager efficacement des contextes projet. Vous découvrirez comment transformer radicalement la manière dont votre équipe accède à l'information pertinente, éliminant ainsi l'une des principales sources de friction dans les projets collaboratifs.

4.1 Fluidifier le Partage d'Informations et la Co-création en Équipe

4.1.1 Utiliser Copilot pour Récupérer et Partager des Contextes Projet

Le partage de contexte représente l'un des défis majeurs dans les projets collaboratifs modernes. Combien de fois avez-vous rejoint une réunion en vous demandant de quoi il s'agissait exactement ? Ou combien d'heures avez-vous passées à mettre à jour un nouveau collaborateur sur l'historique d'un projet ? Cette réalité du travail en équipe constituait jusqu'à présent une faille considérable dans notre productivité collective.

Mes observations auprès de dizaines d'équipes révèlent que la perte de contexte est responsable d'environ 30% du temps gaspillé en projet. Un nouveau membre intégrant une équipe passe en moyenne 2 à 3 semaines à comprendre pleinement les enjeux, l'historique des décisions et les nuances d'un projet existant. Cette période de "mise à niveau contextuelle" représente non seulement un coût direct en temps, mais aussi un frein considérable à la dynamique d'équipe.

Copilot M365 transforme radicalement cette dimension en devenant votre assistant de contextualisation intelligent. Sa capacité à naviguer à travers l'ensemble de vos documents, emails, réunions et conversations pour en extraire l'information pertinente crée une continuité contextuelle inédite. J'ai pu mesurer des gains d'efficacité allant jusqu'à 70% dans les phases d'onboarding et de partage d'information grâce à cette fonctionnalité.

Pour exploiter pleinement ce potentiel, je vous propose d'explorer trois domaines d'application majeurs : la récupération de contexte historique, le partage d'information transverse, et la création de synthèses contextuelles pour les nouveaux arrivants. Ces applications couvrent la majorité des besoins de contextualisation que j'observe dans mes accompagnements d'équipes.

Commençons par la récupération de contexte historique, probablement l'usage à plus fort impact immédiat. Lorsque vous devez vous replonger dans un projet après plusieurs semaines d'absence ou comprendre les décisions prises avant votre arrivée, Copilot devient votre mémoire projet augmentée. Voici les approches les plus efficaces que j'ai testées avec mes clients :

- **Interrogation directe dans Teams** : Ouvrez le canal Teams du projet et demandez à Copilot "Résume les principales décisions prises concernant [aspect spécifique] au cours des trois derniers mois. Identifie les points de consensus et les questions encore en suspens."

- **Recherche contextuelle dans Outlook** : Dans votre boîte mail, activez Copilot et formulez : "Retrouve les échanges avec [personne/équipe] concernant [sujet précis]. Synthétise les positions de chacun et l'évolution de la discussion jusqu'à aujourd'hui."

- **Extraction de contexte à partir de documents** : Dans un dossier SharePoint contenant les documents du projet, demandez : "Quels sont les changements majeurs dans l'approche de [aspect du projet] depuis le début ? Montre l'évolution de notre stratégie en te basant sur les différentes versions des documents."

Un directeur de projet avec qui je travaille a développé cette habitude particulièrement efficace : avant chaque réunion d'avancement, il demande à Copilot de générer un "contexte projet" en 5 minutes qui lui permet de se remettre instantanément dans le bain. Son prompt favori : "Prépare-moi un résumé du projet [nom] incluant les 3-4 dernières décisions importantes, les actions en cours avec leur statut, et les prochaines échéances critiques."

Cette pratique transforme radicalement ses réunions en éliminant le temps habituellement consacré à rappeler le contexte, permettant à l'équipe de se concentrer immédiatement sur les points d'action et les décisions à prendre.

La dimension du partage d'information transverse constitue le second pilier d'utilisation. Dans les organisations complexes, la communication entre départements ou équipes représente souvent un goulot d'étranglement majeur. Copilot excelle particulièrement dans la traduction contextuelle entre différents "langages métiers".

Une responsable RH de mon réseau utilise systématiquement cette approche pour communiquer efficacement avec les équipes techniques :

1. Elle demande d'abord à Copilot : "Synthétise cette nouvelle politique RH sur [sujet] en termes simples et concrets."
2. Elle affine ensuite : "Adapte cette synthèse pour l'équipe technique en utilisant des exemples pertinents pour leur contexte spécifique."
3. Elle termine par : "Propose 3-4 questions fréquentes que cette équipe pourrait se poser, avec des réponses claires."

Cette méthode en trois temps lui permet de franchir les barrières de compréhension inter-départementales et d'assurer que le contexte est partagé de manière adaptée à chaque audience. Elle estime économiser environ 4 heures par semaine en communication clarifiée et en réduction des malentendus.

Les réunions interculturelques ou internationales bénéficient particulièrement de cette approche. Un responsable marketing international m'a confié utiliser systématiquement Copilot pour adapter ses communications entre ses équipes françaises et américaines : "Reformule ce brief marketing pour notre équipe aux États-Unis en tenant compte des différences culturelles dans l'approche projet et en adaptant les exemples au marché local."

La puissance de cette adaptation contextuelle réside dans sa capacité à préserver l'intention tout en modifiant la forme pour maximiser la réception par l'audience cible. Un gain qui dépasse largement la simple traduction linguistique pour toucher à l'adaptation culturelle profonde.

Le troisième domaine d'application concerne la création de synthèses contextuelles pour les nouveaux arrivants. L'onboarding représente un investissement considérable dans la plupart des organisations. Mes observations montrent qu'un manager consacre en moyenne 15 à 20 heures à l'intégration d'un nouveau collaborateur sur un projet existant.

J'ai développé avec plusieurs équipes cette séquence de prompts qui transforme complètement l'expérience d'intégration :

1. **Création du contexte global** : "Génère un document d'onboarding pour [nom/fonction] qui rejoint le projet [nom]. Inclus l'historique du projet, les principales parties prenantes, les objectifs actuels et les défis rencontrés jusqu'à présent."

2. **Personnalisation selon le rôle** : "Adapte cette synthèse en te concentrant sur les aspects les plus pertinents pour un [fonction précise]. Mets en évidence les informations directement utiles pour ses responsabilités."

3. **Cartographie relationnelle** : "Identifie les 5-6 personnes clés avec qui [nom] devra interagir régulièrement. Pour chacune, décris brièvement son rôle dans le projet, ses priorités actuelles et les meilleurs moyens de collaboration."

Cette approche structurée réduit typiquement le temps d'intégration opérationnelle de 60%, permettant au nouveau collaborateur d'être productif beaucoup plus rapidement tout en libérant le manager d'une grande partie de cette charge.

L'efficacité de ces méthodes repose sur quelques principes clés que j'ai identifiés en accompagnant diverses équipes. Pour maximiser la pertinence contextuelle de Copilot :

- **Précisez toujours la période temporelle** : "Sur les 3 derniers mois", "Depuis le lancement du projet", etc.
- **Identifiez clairement les sources d'information** : "En te basant sur nos échanges Teams et les documents SharePoint"
- **Spécifiez le niveau de détail souhaité** : "Synthèse rapide de 5 points" ou "Analyse détaillée avec exemples"
- **Indiquez le format de sortie attendu** : "Sous forme de liste chronologique", "Avec une section par thématique", etc.

Ces précisions dans vos prompts améliorent considérablement la qualité et la pertinence du contexte généré.

Un cas d'usage particulièrement impactant concerne la préparation contextuelle avant les réunions client. Une directrice de compte que j'accompagne utilise systématiquement cette séquence :

1. Avant chaque rendez-vous client important, elle demande à Copilot : "Synthétise nos interactions récentes avec [client] en te concentrant sur les besoins exprimés, les points de satisfaction et les sujets de préoccupation."

2. Elle complète par : "Identifie les engagements que nous avons pris lors des derniers échanges et leur statut actuel."

Cette préparation contextuelle rapide (moins de 5 minutes) lui permet d'arriver parfaitement préparée à ses rendez-vous, démontrant une connaissance précise des enjeux spécifiques du client et renforçant considérablement la relation commerciale.

La dimension émotionnelle du contexte projet ne doit pas être négligée. Au-delà des faits et des actions, la compréhension du climat relationnel et des dynamiques d'équipe forme une part importante du contexte global. J'encourage mes clients à utiliser des prompts comme : "Analyse les interactions récentes dans ce canal Teams et identifie les sujets qui semblent générer le plus d'enthousiasme ou au contraire de tension dans l'équipe."

Cette intelligence émotionnelle augmentée permet aux managers de mieux appréhender les dynamiques subtiles qui influencent le succès des projets, au-delà des indicateurs formels de performance.

Un aspect souvent négligé concerne l'utilisation de Copilot pour la "traduction" entre différents niveaux hiérarchiques. Un chef de projet que j'accompagne utilise régulièrement ce prompt avant ses reportings à la direction : "Reformule ce statut projet technique en langage business, en mettant l'accent sur les impacts financiers, temporels et stratégiques plutôt que sur les détails d'implémentation."

Cette capacité à adapter le niveau d'abstraction selon l'audience représente un gain considérable dans la communication verticale au sein des organisations, réduisant les incompréhensions et accélérant les prises de décision.

L'intégration de ces pratiques dans votre routine d'équipe peut suivre une approche progressive que je recommande à tous mes clients :

1. Identifiez d'abord les 2-3 moments critiques où le partage de contexte est habituellement problématique dans vos projets
2. Développez des prompts spécifiques adaptés à ces situations
3. Testez-les sur un projet pilote et mesurez les gains en temps et en clarté
4. Documentez et partagez les prompts efficaces avec l'ensemble de l'équipe

Cette méthode d'adoption garantit des gains rapides tout en construisant progressivement une bibliothèque de prompts contextuels parfaitement adaptés à votre environnement spécifique.

La synchronisation contextuelle entre différents outils représente un autre cas d'usage à fort impact. Un analyste financier de mon réseau utilise Copilot pour maintenir l'alignement entre ses analyses Excel et ses présentations PowerPoint : "Analyse ce tableau Excel et génère un résumé des principaux insights pour ma présentation. Mets en évidence les tendances notables et assure la cohérence avec la narration de mes slides précédentes."

Cette fluidification du passage entre différents formats et applications élimine les frictions cognitives habituellement associées aux changements de contexte, permettant une continuité de pensée précieuse dans les environnements de travail fragmentés.

Dans le prochain chapitre, nous explorerons comment passer du partage contextuel à la co-création active, en utilisant Copilot comme facilitateur de l'intelligence collective au sein de vos équipes. Vous découvrirez comment transformer vos sessions collaboratives en véritables accélérateurs d'innovation, en capitalisant sur le contexte partagé que nous venons d'explorer.

4.1.2 Co-construire des Documents et Synthèses en Temps Réel Assisté par IA

La co-création de documents représente souvent l'un des processus les plus chronophages et frustrants dans les environnements professionnels modernes. Mes observations auprès de dizaines d'équipes françaises révèlent un constat édifiant : nous passons en moyenne 35% du temps de production collaborative à gérer des aspects non liés au contenu lui-même, mais plutôt à la coordination, la fusion de versions, et la résolution de conflits d'édition.

L'arrivée de Copilot dans l'écosystème Microsoft 365 transforme radicalement cette dynamique en introduisant un assistant IA capable de participer activement à vos sessions de co-création. Au-delà d'un simple outil d'assistance individuelle, Copilot devient un véritable membre de votre équipe virtuelle, capable d'accélérer la production collective tout en améliorant la cohérence et la richesse du contenu produit.

L'un des cas d'usage les plus impactants que j'ai expérimentés avec mes clients concerne les sessions de brainstorming et de synthèse en temps réel. Une équipe marketing avec laquelle je travaille régulièrement a vu sa productivité multipliée par trois lors de ses ateliers de génération d'idées en utilisant Copilot comme facilitateur. Leur méthode est remarquablement simple et efficace :

1. **Phase initiale de divergence** : Chaque membre partage rapidement ses idées dans un document Word partagé
2. **Intervention de Copilot pour structuration** : L'équipe demande à Copilot d'organiser les contributions en catégories logiques
3. **Phase collaborative de développement** : L'équipe enrichit collectivement les idées structurées
4. **Synthèse finale par IA** : Copilot génère un résumé actionnable des décisions et prochaines étapes

Cette approche élimine presque entièrement le temps habituellement consacré à la mise en forme, la catégorisation et la synthèse post-atelier, permettant à l'équipe de se concentrer exclusivement sur la génération de valeur.

Pour exploiter efficacement cette dimension collaborative de Copilot, je vous propose d'explorer trois configurations de co-création qui ont démontré leur efficacité auprès de mes clients : les sessions de brainstorming augmenté, la rédaction collaborative de documents complexes, et les synthèses d'ateliers en temps réel.

Commençons par les sessions de brainstorming augmenté. Le prompt suivant s'est révélé particulièrement efficace pour initier ce type de séance : "À partir des idées brutes que nous venons de partager, organise-les en 4-5 catégories logiques. Pour chaque catégorie, suggère un titre descriptif et liste les idées associées. Identifie également 2-3 connexions potentielles entre différentes catégories."

Ce prompt simple transforme un document partagé contenant des idées éparpillées en une structure organisée qui facilite immédiatement la discussion collective. Un directeur innovation avec qui je travaille m'a confié que cette simple pratique avait réduit de 40% le temps de leurs ateliers tout en augmentant la qualité des insights générés.

La puissance de cette approche réside dans sa capacité à éliminer les "temps morts" des sessions collaboratives, ces moments où l'énergie collective chute pendant que quelqu'un s'efforce de réorganiser ou synthétiser l'information. En déléguant ces tâches à Copilot, vous maintenez un rythme dynamique qui maximise l'engagement et la créativité de tous les participants.

Un aspect fascinant que j'ai observé concerne l'effet "désinhibiteur" de la co-création assistée par IA. Dans les réunions traditionnelles, certains participants hésitent à partager des idées qu'ils jugent incomplètes ou imparfaites. Avec Copilot comme médiateur, cette barrière psychologique semble s'atténuer significativement. Une responsable RH m'expliquait : "Nos collaborateurs se sentent plus à l'aise pour partager des ébauches d'idées, sachant que Copilot pourra les aider à les développer et les structurer."

Pour la rédaction collaborative de documents complexes, j'ai développé avec plusieurs équipes cette séquence de prompts particulièrement efficace :

1. **Cadrage initial** : "À partir de nos objectifs décrits ci-dessus, génère une structure détaillée pour notre [type de

document]. Propose un plan avec titres et sous-titres qui couvre l'ensemble des aspects à traiter."

2. **Distribution du travail** : "Pour chaque section du plan, suggère les types d'informations nécessaires et les personnes ou équipes qui devraient contribuer, en fonction de nos rôles respectifs mentionnés plus haut."

3. **Harmonisation des contenus** : "À partir des contributions individuelles que nous venons d'ajouter dans chaque section, harmonise le style rédactionnel, assure la cohérence des messages clés, et suggère des transitions fluides entre les différentes parties."

Cette approche transforme la rédaction collaborative de documents complexes comme des rapports stratégiques, des propositions commerciales ou des dossiers réglementaires. Une équipe de consultants que j'accompagne a réduit de 65% le temps nécessaire pour produire des propositions commerciales en utilisant cette méthode, tout en améliorant significativement la cohérence et la qualité perçue de leurs livrables.

La dimension interculturelle de cette approche mérite une attention particulière. Dans les équipes internationales, les différences de style rédactionnel et de référentiel culturel créent souvent des frictions lors de la co-création de documents. Copilot joue ici un rôle de "traducteur culturel" en harmonisant les contributions tout en préservant le fond des apports de chacun. Un prompt comme "Harmonise ces contributions rédigées par des collaborateurs français, américains et allemands en préservant les idées clés de chacun mais en créant un style unifié" s'avère particulièrement efficace.

Les synthèses d'ateliers en temps réel représentent le troisième cas d'usage à fort impact. Combien de fois avez-vous participé à des réunions productives dont les conclusions et actions se sont évaporées faute de capture efficace ? Avec Copilot, la synthèse devient un processus continu intégré à la session elle-même.

Mon approche préférée consiste à maintenir un document Word partagé pendant toute la durée de l'atelier, où un facilitateur (ou les participants à tour de rôle) note les points clés de la discussion. À intervalles réguliers, typiquement à la fin de chaque sujet majeur, le facilitateur demande à Copilot : "Synthétise les échanges ci-dessus en identifiant : 1) Les points de consensus, 2) Les questions en suspens, 3) Les décisions prises, 4) Les actions définies avec leurs responsables."

Cette pratique de "synthèse continue" transforme radicalement l'efficacité des sessions collaboratives en garantissant un alignement constant de tous les participants et une capture fiable des conclusions. Un directeur de projet m'a confié avoir réduit de 75% le temps consacré à la production et diffusion des comptes-rendus grâce à cette méthode, tout en éliminant presque entièrement les malentendus post-réunion.

L'intégration de ces pratiques dans votre culture d'équipe peut suivre une approche progressive que j'ai affinée au fil de mes accompagnements :

- **Phase d'introduction** : Commencez par utiliser Copilot pour des tâches de structuration simples pendant vos sessions collaboratives (organisation d'idées, synthèse de discussion)
- **Phase d'adoption** : Intégrez progressivement des usages plus sophistiqués comme la génération de plans détaillés ou l'harmonisation de contributions multiples
- **Phase d'intégration** : Développez des workflows complets intégrant Copilot à chaque étape du processus collaboratif

Cette progression permet une acculturation naturelle de l'équipe à cette nouvelle façon de collaborer, en démontrant à chaque étape les bénéfices tangibles de l'approche.

Un cas d'usage spécifique mais particulièrement impactant concerne la prise de notes collaborative pendant les formations ou conférences. J'ai développé avec plusieurs équipes cette pratique : chaque participant note dans un document partagé les points qui lui semblent personnellement importants, sans se soucier de l'exhaustivité ou de la structure. À la fin de la session, un prompt comme "Organise ces notes prises par différents participants en une synthèse cohérente et structurée, en éliminant les redondances et en mettant en évidence les points clés" transforme instantanément cette collection de perspectives individuelles en une ressource collective précieuse.

Pour les équipes distribuées géographiquement ou travaillant en mode hybride, la co-création assistée par Copilot offre un avantage supplémentaire en réduisant l'asymétrie d'information entre participants présentiels et distants. Un responsable d'équipe internationale utilise systématiquement Copilot pour générer des synthèses intermédiaires toutes les 15-20 minutes pendant ses réunions hybrides, garantissant ainsi que les participants distants restent parfaitement alignés avec la progression de la discussion.

L'un des bénéfices les plus significatifs mais souvent négligés de cette approche concerne la réduction de la charge cognitive associée à la collaboration. En déléguant à Copilot les aspects mécaniques de la co-création (structuration, harmonisation, synthèse), vous libérez l'énergie mentale de votre équipe pour se concentrer sur ce qui génère véritablement de la valeur : l'expertise métier, la créativité et l'intelligence collective.

Dans le prochain chapitre, nous explorerons comment intégrer Copilot dans vos workflows quotidiens spécifiques, en identifiant les tâches répétitives idéales pour l'automatisation et en adaptant les prompts à différents contextes métiers. Cette dimension complémentaire vous permettra de constituer un écosystème complet où l'IA augmente votre efficacité tant individuelle que collective.

4.2 Intégrer Copilot dans Vos Workflows Quotidiens Spécifiques

4.2.1 Identifier les Tâches Répétitives Idéales pour l'Automatisation par Copilot

L'automatisation des tâches répétitives représente l'un des leviers les plus puissants pour transformer votre productivité quotidienne. Dans mes formations, je constate régulièrement que les professionnels consacrent entre 15% et 30% de leur temps à des activités mécaniques, prévisibles et à faible valeur ajoutée. Ce temps précieux pourrait être réinvesti dans des missions plus stratégiques ou créatives si ces tâches étaient intelligemment déléguées à Copilot.

La vraie question n'est pas de savoir si vous devriez automatiser certaines de vos tâches, mais lesquelles prioriser pour obtenir le maximum d'impact avec un minimum d'effort. Cette approche pragmatique, que j'appelle "l'automatisation à fort ROI", constitue la base d'une intégration réussie de Copilot dans vos workflows quotidiens.

Mes accompagnements auprès de dizaines d'équipes m'ont permis d'identifier une méthode structurée pour repérer les tâches idéales à confier à Copilot. Je vous propose de la découvrir et de l'appliquer dès aujourd'hui à votre contexte spécifique pour commencer à libérer votre temps et votre énergie mentale.

La première étape consiste à cartographier vos tâches répétitives. Prenez une feuille ou ouvrez un document Word et créez trois colonnes. Dans la première, listez toutes les activités récurrentes qui ponctuent votre semaine typique. Dans la deuxième, estimez le temps hebdomadaire consacré à chacune. Dans la troisième, notez votre niveau de satisfaction intellectuelle sur une échelle de 1 à 10. Cette simple matrice vous donnera une vision claire des candidats potentiels à l'automatisation avec Copilot.

Une fois cette cartographie réalisée, je vous invite à appliquer ce que j'appelle le "filtre des 5C" pour identifier les tâches idéales pour l'automatisation par Copilot. Les tâches doivent idéalement répondre à ces critères :

- **Chronophages** : Elles vous prennent un temps significatif chaque semaine
- **Constantes** : Elles reviennent régulièrement dans votre agenda
- **Consistantes** : Elles suivent un schéma relativement prévisible
- **Clairement définies** : Leurs objectifs et processus sont bien compris
- **Cognitives mais Conventionnelles** : Elles demandent de la réflexion, mais dans un cadre défini, sans créativité exceptionnelle

Appliquons maintenant ce filtre à des exemples concrets que j'ai identifiés lors de mes formations. Vous reconnaîtrez certainement plusieurs de ces tâches dans votre propre quotidien :

1. **Rédaction de comptes-rendus de réunions** : Activité chronophage qui suit une structure prévisible, parfaitement adaptée à l'automatisation par Copilot dans Teams ou Word.

2. **Création de présentations récurrentes** : Les reporting hebdomadaires ou mensuels, souvent basés sur la même structure mais avec des données actualisées, constituent une cible idéale pour Copilot dans PowerPoint.

3. **Synthèse et formatage de données** : L'extraction et la mise en forme de données pour des rapports standardisés représentent un cas d'usage parfait pour Copilot dans Excel.

4. **Réponses aux emails types** : La gestion des demandes récurrentes ou similaires peut être considérablement accélérée par Copilot dans Outlook.

5. **Préparation de documents contractuels** : La génération de premiers jets pour des documents suivant un canevas établi (cahiers des charges, propositions commerciales, descriptions de poste) est idéale pour Copilot dans Word.

Pour chacune de ces tâches, calculez rapidement le ROI potentiel. Par exemple, si vous passez 45 minutes par semaine à rédiger des comptes-rendus et que Copilot vous permet de réduire ce temps à 15 minutes, vous gagnez 30 minutes hebdomadaires, soit environ 24 heures sur une année. Cette approche quantitative vous aidera à prioriser vos efforts d'automatisation.

Au-delà de cette liste générique, chaque métier comporte ses propres tâches répétitives idéales pour l'automatisation. En finance, j'observe que la préparation de rapports d'analyse et de tableaux de bord récurrents représente un gisement d'efficacité considérable. En marketing, la création de briefs créatifs et l'analyse des performances des campagnes peuvent être significativement accélérées. En ressources humaines, la rédaction d'offres d'emploi et le traitement initial des candidatures bénéficient particulièrement de l'assistance de Copilot.

Une directrice commerciale que j'accompagne a transformé sa routine hebdomadaire en identifiant trois tâches parfaitement adaptées à l'automatisation :

- La préparation de ses points d'équipe du lundi matin (gain : 45 minutes par semaine)
- La personnalisation de ses propositions commerciales (gain : 3 heures par semaine)
- L'analyse des performances de son équipe (gain : 1 heure par semaine)

Au total, elle a récupéré près de 5 heures hebdomadaires qu'elle réinvestit désormais dans le coaching individuel de ses commerciaux et le développement de relations stratégiques avec ses clients prioritaires. Son ROI est évident, tant en termes quantitatifs que qualitatifs.

Certaines catégories de tâches méritent une attention particulière car elles combinent plusieurs caractéristiques idéales pour l'automatisation. Les activités de transformation de format (document Word vers présentation PowerPoint, email long vers synthèse) présentent un rapport effort/résultat particulièrement favorable avec Copilot. Les tâches de fusion d'informations provenant de sources multiples (synthèse de plusieurs documents ou conversations) offrent également des gains spectaculaires.

L'aspect psychologique ne doit pas être négligé dans cette analyse. Les tâches qui vous procurent le moins de satisfaction intellectuelle ou créative sont généralement celles dont l'automatisation vous apportera le plus grand bénéfice en termes de bien-être professionnel. Un responsable marketing de mon réseau m'a confié avoir retrouvé une véritable passion pour son métier après avoir automatisé la production de ses rapports mensuels, une tâche qu'il redoutait chaque fin de mois.

Pour maximiser l'impact de votre analyse, je vous recommande cette approche en quatre temps que j'ai affinée au fil de mes accompagnements :

1. **Cartographiez exhaustivement** vos tâches répétitives avec le temps consacré
2. **Filtrez selon les critères** des 5C pour identifier les candidates idéales
3. **Calculez le ROI potentiel** en temps gagné et valeur créée
4. **Expérimentez progressivement** en commençant par les tâches à impact maximal

Cette méthode structurée vous permettra d'éviter l'écueil classique de l'automatisation opportuniste sans vision d'ensemble, qui conduit souvent à des gains éparpillés et peu significatifs.

Un aspect souvent négligé concerne les "micro-tâches" répétitives. Individuellement, elles semblent insignifiantes, mais leur accumulation peut représenter un temps considérable. La création de signatures d'emails personnalisées, la mise en forme de tableaux de données, la recherche d'informations dans des documents volumineux, sont autant d'exemples de ces petites actions qui, automatisées par Copilot, peuvent vous faire gagner quelques minutes quotidiennes s'additionnant en heures précieuses sur un mois.

L'intégration progressive de Copilot dans ces tâches répétitives transformera non seulement votre productivité individuelle, mais également la dynamique collective de votre équipe. Un chef de projet que j'accompagne a systématiquement identifié et automatisé les tâches administratives liées à son rôle, libérant ainsi 20% de son temps qu'il consacre désormais à l'accompagnement de son équipe et à l'anticipation des risques projet. L'impact sur la performance collective s'est révélé bien supérieur au simple gain de temps individuel.

Pour éviter les déceptions, certaines catégories de tâches se prêtent moins bien à l'automatisation par Copilot dans son état actuel. Les activités nécessitant une créativité exceptionnelle, une sensibilité émotionnelle fine ou impliquant des décisions stratégiques complexes restent plus adaptées à l'intelligence humaine. Reconnaître ces limites vous permettra de concentrer vos efforts d'automatisation sur les tâches où Copilot excelle véritablement.

L'approche que je vous recommande n'est pas de remplacer votre travail par Copilot, mais d'établir une collaboration intelligente où l'IA prend en charge les aspects mécaniques et répétitifs, vous permettant de vous concentrer sur ce qui requiert véritablement votre expertise unique. Ce partenariat homme-machine représente la voie la plus prometteuse pour augmenter votre impact professionnel.

Dans la prochaine section, nous explorerons comment personnaliser précisément vos prompts Copilot pour les adapter à vos besoins métiers spécifiques, qu'il s'agisse de vente, marketing, RH ou autre domaine. Cette adaptation fine vous permettra de maximiser l'efficacité de l'automatisation des tâches répétitives que nous venons d'identifier.

4.2.2 ADAPTER LES PROMPTS POUR DES BESOINS MÉTIERS CIBLÉS (VENTE, RH, MARKETING)

La personnalisation des prompts selon votre métier spécifique constitue l'étape décisive pour transformer Copilot d'un outil générique en un assistant véritablement adapté à vos besoins professionnels quotidiens. Mon expérience auprès de centaines de professionnels français m'a permis de constater une réalité frappante : les utilisateurs qui prennent le temps d'adapter leurs prompts à leur contexte métier obtiennent des résultats jusqu'à trois fois plus pertinents que ceux qui se contentent de formulations génériques.

Cette adaptation métier n'est pas qu'une question de terminologie, mais une véritable personnalisation qui tient compte des objectifs, contraintes et spécificités de chaque fonction. Pour vous guider efficacement dans cette démarche, je vous propose d'explorer les principes de personnalisation puis de découvrir des exemples concrets pour trois métiers clés : vente, ressources humaines et marketing.

La structure d'un prompt efficace adapté à votre métier suit généralement ce modèle que j'ai affiné au fil de mes formations :

- **Contexte métier** : Précisez votre rôle, secteur et objectif spécifique
- **Tâche précise** : Décrivez clairement ce que vous attendez de Copilot
- **Format souhaité** : Indiquez la structure, le ton et la longueur désirés
- **Contraintes spécifiques** : Mentionnez les règles ou limites à respecter
- **Expertise attendue** : Précisez le niveau d'expertise auquel Copilot doit répondre

Cette structure en cinq points transforme radicalement la pertinence des réponses générées. Prenons un exemple simple : plutôt que demander "Rédige un email de prospection", formulez "En tant que commercial dans le secteur des services IT pour PME, rédige un email de prospection de 150 mots pour un directeur informatique qui cherche à sécuriser son infrastructure. Adopte un ton professionnel mais accessible, mentionne notre expertise en cybersécurité et propose un audit gratuit de 30 minutes. L'email doit respecter la réglementation RGPD."

Les besoins des équipes commerciales présentent des spécificités que j'ai identifiées lors de mes accompagnements. Les commerciaux cherchent principalement à optimiser leur communication client, analyser les signaux d'achat et préparer efficacement leurs négociations. Voici des prompts spécifiques que j'ai développés avec mes clients du secteur commercial :

- **Pour la préparation d'appels de prospection** : "En tant que commercial [secteur], génère un script d'appel de prospection pour [cible précise] qui rencontre actuellement [problématique]. Inclus une accroche percutante basée sur [élément d'actualité/tendance], 3 questions ouvertes pour qualifier le besoin, et 2 réponses aux objections les plus courantes concernant [objection fréquente]. Structure le script en 3 parties distinctes avec une conclusion orientée prise de rendez-vous."

- **Pour l'analyse de comportement client** : "Analyse cet échange email avec [client/prospect] et identifie les signaux d'achat potentiels, les objections implicites et le niveau d'engagement apparent. Suggère 3 actions précises pour faire avancer cette opportunité et propose une formulation pour mon prochain message qui adresse les réticences identifiées tout en renforçant la valeur de notre solution pour ce client spécifique."

- **Pour la préparation de propositions commerciales** : "À partir de ces notes de découverte client, génère une structure détaillée pour une proposition commerciale destinée à [fonction/secteur]. Organise la proposition avec : 1) Contexte et enjeux spécifiques du client, 2) Notre approche personnalisée, 3) Solution proposée avec bénéfices quantifiables, 4) Témoignages pertinents de clients similaires, 5) Investissement et ROI, 6) Plan de mise en œuvre. Pour chaque section, suggère les éléments clés à inclure et un titre impactant."

Un directeur commercial de société de services m'a récemment partagé comment ce dernier prompt lui a permis de réduire de 65% le temps de préparation de ses propositions tout en améliorant significativement leur pertinence et leur taux de conversion.

Pour les professionnels des ressources humaines, les défis quotidiens tournent souvent autour du recrutement, de la formation et de la communication interne. Mes accompagnements m'ont permis de développer ces prompts spécifiquement adaptés aux besoins RH :

- **Pour la rédaction d'offres d'emploi** : "En tant que recruteur dans le secteur [secteur], crée une offre d'emploi attractive pour un poste de [intitulé précis]. L'offre doit refléter notre culture d'entreprise [décrire brièvement], mettre en avant nos avantages distinctifs [liste] et présenter les missions de façon concrète et engageante. Structure l'annonce avec : un titre accrocheur, une présentation de l'entreprise en 3 points, les 5 missions principales, les 4-5 compétences essentielles (vs. souhaitées), et une conclusion motivante. Évite les stéréotypes de genre et le jargon inaccessible."

- **Pour l'analyse de CVs** : "Analyse ce CV pour un poste de [intitulé] selon ces critères : adéquation technique (compétences clés vs. notre besoin), expérience pertinente, cohérence du parcours, signaux d'alerte éventuels. Génère une synthèse en 150 mots avec une recommandation claire (à rencontrer prioritairement, à considérer, à écarter) et 3-4 questions spécifiques à poser en entretien pour approfondir les zones d'ombre."

- **Pour la création de parcours d'intégration** : "Conçois un parcours d'intégration sur 30 jours pour un nouveau [fonction] rejoignant notre équipe [département]. Le plan doit couvrir : 1) Les incontournables de la première semaine, 2) Les formations et ressources à prévoir, 3) Les personnes clés à rencontrer avec objectifs de chaque rencontre, 4) Les livrables attendus au terme des 30 jours, 5) Les points de suivi recommandés. Adapte ce plan à une entreprise de taille [PME/ETI/Groupe] dans le secteur [secteur]."

Une responsable formation m'a confié que ce dernier prompt lui avait permis de créer des parcours d'intégration personnalisés en moins d'une heure, contre près d'une journée auparavant. Elle a également constaté une amélioration significative de la satisfaction des nouveaux arrivants grâce à des parcours plus structurés et cohérents.

Les équipes marketing font face à des défis spécifiques liés à la création de contenu, l'analyse de performance et la planification stratégique. Mes collaborations avec des professionnels du marketing m'ont permis de développer ces prompts particulièrement efficaces :

- **Pour la génération d'idées de contenu** : "En tant que responsable marketing dans le secteur [secteur], génère 10 idées de contenu originales pour notre [blog/newsletter/réseaux sociaux] ciblant [persona client]. Les idées doivent s'aligner avec notre positionnement [décrire] et nos objectifs actuels [liste]. Pour chaque idée, propose un titre accrocheur, les 3-4 points clés à développer, et un format recommandé. Organise ces idées par thématique et par priorité stratégique."

- **Pour l'analyse de campagnes** : "Analyse les résultats de cette campagne marketing [description brève] en identifiant : les indicateurs de performance exceptionnels vs. préoccupants, les corrélations potentielles entre actions et résultats, et 3-5 insights actionnables pour optimiser nos prochaines actions. Structure ton analyse avec une vue d'ensemble, des points forts, des axes d'amélioration, et des recommandations concrètes classées par impact potentiel et facilité de mise en œuvre."

- **Pour la création de briefs créatifs** : "Génère un brief créatif complet pour [type de projet] destiné à promouvoir [produit/service] auprès de [cible]. Le brief doit inclure : contexte marché en 3-4 points clés, objectifs précis (commerciaux et communication), proposition de valeur unique, éléments de différenciation vs concurrence, ton et style de communication, messages clés à transmettre, contraintes techniques et légales, et critères de succès mesurables. Adopte un format qui favorise la créativité tout en fournissant un cadre clair."

Une directrice marketing d'une entreprise de services B2B m'a partagé comment ce dernier prompt lui permet désormais de produire des briefs créatifs de haute qualité en 20 minutes, contre près de 2 heures auparavant, tout en obtenant des productions créatives plus alignées avec ses attentes.

Pour maximiser l'efficacité de vos prompts métiers, je vous recommande d'appliquer ces principes d'optimisation que j'ai identifiés comme déterminants :

1. **Contextualisation sectorielle** : Adaptez toujours votre prompt à votre secteur d'activité spécifique (finance, industrie, services, etc.)
2. **Précision terminologique** : Utilisez le vocabulaire technique propre à votre métier pour obtenir des réponses dans le même registre
3. **Référence aux méthodes standards** : Mentionnez les méthodologies ou frameworks courants dans votre domaine
4. **Adaptation hiérarchique** : Précisez si le contenu doit s'adresser à des collaborateurs, managers ou dirigeants
5. **Contraintes réglementaires** : N'oubliez pas de mentionner les cadres légaux spécifiques à respecter (RGPD, secteurs réglementés, etc.)

L'intégration de ces éléments dans vos prompts transformera radicalement la pertinence des réponses obtenues. Un prompting générique produit des résultats génériques ; un prompting métier génère une valeur métier.

La création d'une bibliothèque personnelle de prompts métiers constitue une pratique à fort ROI que j'encourage vivement. Créez un document partagé au sein de votre équipe où vous documentez et affinez progressivement vos meilleurs prompts. Cette ressource évolutive deviendra un actif précieux qui s'enrichira avec l'expérience collective.

Dans le prochain chapitre, nous explorerons comment mesurer concrètement le ROI des cas d'usage que vous aurez implémentés grâce aux techniques vues jusqu'ici. Vous découvrirez comment quantifier précisément le temps gagné sur vos tâches ciblées et construire un argumentaire solide pour justifier l'investissement Copilot au sein de votre organisation.

5. Démontrer la Valeur et Justifier l'Investissement Copilot M365

La question de la valeur et du retour sur investissement se pose inévitablement pour toute nouvelle technologie en entreprise. Dans mes accompagnements, cette interrogation surgit systématiquement : "Comment justifier l'investissement dans Copilot M365 face à ma direction ou mes équipes ?" Cette préoccupation légitime mérite une approche structurée et pragmatique, loin des promesses abstraites que l'on trouve souvent dans les communications marketing.

Le coût de Copilot n'est pas négligeable pour une organisation. Avec un prix public d'environ 30€ par utilisateur et par mois au moment où j'écris ces lignes, l'outil représente un investissement significatif qui doit démontrer sa valeur rapidement. Cette réalité économique place la justification du ROI au cœur des préoccupations des décideurs et des ambassadeurs technologiques au sein des entreprises françaises.

Ma démarche avec mes clients repose sur une conviction forte : la valeur de Copilot doit se mesurer concrètement, sur des critères tangibles et dans un délai raisonnable. L'approche que je vous propose dans ce chapitre s'articule autour de deux axes complémentaires : d'une part, la mesure objective des gains de productivité et d'efficacité, d'autre part, la construction d'un argumentaire percutant pour convaincre vos interlocuteurs clés.

Les organisations qui réussissent l'adoption de Copilot partagent une caractéristique commune : elles ont établi dès le départ des métriques claires et un cadre d'évaluation précis. Un responsable digital d'une entreprise de services m'a récemment confié : "Notre déploiement initial concernait 50 utilisateurs pilotes. En trois mois, nous avons documenté un gain moyen de 4,2 heures par semaine et par utilisateur sur des tâches ciblées. Ce chiffre a suffi à convaincre notre direction financière d'étendre le déploiement à 200 personnes supplémentaires."

Cette approche par la preuve, basée sur des données concrètes et des témoignages utilisateurs, transforme radicalement la perception de l'outil, qui passe du statut de "gadget technologique intéressant" à celui d'investissement stratégique créateur de valeur. Les détracteurs les plus sceptiques deviennent souvent les ambassadeurs les plus engagés lorsqu'ils constatent par eux-mêmes les gains réels sur leur propre productivité.

La dimension temporelle joue un rôle crucial dans cette démonstration de valeur. Mes observations auprès de dizaines d'organisations montrent qu'un utilisateur régulier de Copilot atteint généralement son "point d'équilibre ROI" entre 4 et 8 semaines après le démarrage. Ce délai relativement court constitue un argument de poids face aux décideurs habitués à des cycles de retour sur investissement bien plus longs pour les solutions technologiques.

Un aspect fréquemment négligé dans les analyses de ROI traditionnelles concerne les bénéfices qualitatifs. Au-delà du temps gagné, facilement quantifiable, Copilot génère des améliorations substantielles dans la qualité des livrables, la réduction du stress, l'équilibre vie professionnelle-vie personnelle et même la satisfaction au travail. Ces dimensions, bien que plus complexes à mesurer, représentent une partie significative de la valeur créée et méritent d'être intégrées dans votre argumentaire.

Pour structurer efficacement votre démarche de démonstration de valeur, je vous propose un cadre en trois phases que j'ai développé et affiné au fil de mes accompagnements clients :

1. **Phase d'établissement de la référence** : Mesurez et documentez précisément la situation avant l'adoption de Copilot (temps passé sur certaines tâches, qualité des livrables, etc.)
2. **Phase de mesure des impacts** : Collectez systématiquement des données quantitatives et qualitatives sur les bénéfices observés
3. **Phase de valorisation et communication** : Transformez ces données en argumentaires percutants adaptés à différentes audiences

Cette méthodologie progressive vous permet de construire un dossier solide, basé sur des faits plutôt que sur des promesses ou des impressions subjectives. L'expérience montre que cette approche rigoureuse est particulièrement efficace dans le contexte français, où la culture de la preuve et du pragmatisme domine souvent les décisions d'investissement technologique.

La démonstration de valeur s'inscrit également dans une dynamique itérative. Les premiers cas d'usage, même simples, créent un effet d'entraînement qui facilite l'adoption de scénarios plus sophistiqués et à plus forte valeur ajoutée. Un directeur des opérations m'expliquait récemment : "Nous avons commencé par des usages basiques comme la synthèse d'emails, puis progressivement, nos équipes ont découvert des applications plus avancées dans l'analyse de données Excel qui nous font économiser des jours entiers chaque mois sur notre reporting financier."

Cette progression naturelle illustre parfaitement le cercle vertueux de l'adoption : premiers usages simples > démonstration de valeur > confiance accrue > exploration de nouveaux cas d'usage > valeur amplifiée > adoption élargie. Votre rôle, en tant que champion de cette technologie, consiste à catalyser et documenter ce processus pour maximiser le ROI global.

Un facteur différenciant que j'observe chez les organisations qui réussissent particulièrement bien l'adoption de Copilot concerne la création d'une communauté interne de partage. Les "Copilot Champions" identifiés dans différents services deviennent les ambassadeurs naturels de l'outil, partageant astuces, cas d'usage et succès. Cette dynamique sociale amplifie considérablement la valeur créée en accélérant la diffusion des bonnes pratiques et en réduisant la courbe d'apprentissage pour les nouveaux utilisateurs.

Plusieurs directeurs financiers avec qui j'ai travaillé m'ont confié l'importance des métriques de "coût évité" dans leur évaluation de Copilot. Au-delà des gains de productivité directs, l'outil permet souvent de réduire, voire d'éviter complètement certains coûts : recours moindre à des prestataires externes pour certaines tâches, réduction des heures supplémentaires, diminution du turnover lié au stress ou aux tâches répétitives démotivantes. Ces économies indirectes peuvent représenter une part substantielle du ROI global et méritent d'être documentées avec précision.

La démonstration de valeur s'adapte nécessairement aux différentes parties prenantes de votre organisation. Les arguments qui convaincront un directeur financier (gains mesurables, économies réalisées) diffèrent sensiblement de ceux qui résonneront avec un manager opérationnel (qualité améliorée, équipes plus motivées) ou un collaborateur individuel (tâches simplifiées, stress réduit). La personnalisation de votre communication constitue un facteur clé de succès dans votre stratégie de conviction.

Pour vous aider à construire cette démonstration personnalisée, je partagerai dans les prochaines sections des outils concrets : templates de mesure de productivité, questionnaires d'évaluation qualitative, formats de présentation adaptés à différentes audiences, et exemples d'argumentaires ayant fait leurs preuves dans divers contextes professionnels français.

Les témoignages d'utilisateurs représentent un levier particulièrement puissant dans votre stratégie de démonstration de valeur. Des verbatims authentiques, spécifiques et chiffrés ("J'ai réduit mon temps de préparation de réunions de 45 à 15 minutes", "La qualité de mes présentations s'est nettement améliorée selon les retours de ma direction") constituent des arguments bien plus convaincants que des affirmations générales sur les bénéfices potentiels de l'outil.

Au fil des prochaines sections, nous explorerons en détail chaque dimension de cette démonstration de valeur : comment mesurer précisément le temps gagné, comment évaluer les améliorations qualitatives, et comment construire un argumentaire percutant adapté à votre contexte spécifique. Vous disposerez ainsi de tous les outils nécessaires pour justifier pleinement l'investissement Copilot M365 et transformer les sceptiques en ambassadeurs convaincus.

5.1 Mesurer Concrètement le ROI des Cas d'Usage Implémentés

5.1.1 Quantifier le Temps Gagné sur les Tâches Ciblées

La quantification précise du temps gagné constitue le socle fondamental de toute démonstration de ROI pour Copilot. Mon expérience auprès de dizaines d'entreprises m'a convaincu qu'un chiffrage rigoureux transforme radicalement la perception de l'outil, le faisant passer de "gadget technologique intéressant" à "investissement stratégique indispensable". Sans cette mesure concrète, votre argumentation restera fragile face aux questions légitimes de votre direction sur la rentabilité de l'abonnement mensuel.

Mesurer le temps économisé ne relève pas de l'approximation ou de l'impression subjective. J'ai développé une méthodologie structurée que je partage systématiquement avec mes clients pour objectiver ces gains. Le principe est simple mais puissant : établir une référence claire "avant Copilot", mesurer le temps d'exécution "avec Copilot", puis calculer et extrapoler les économies réalisées. Cette approche scientifique vous fournira des arguments chiffrés incontestables.

La première étape consiste à sélectionner judicieusement vos tâches de mesure. Choisissez 3 à 5 activités qui répondent aux critères suivants :

- **Tâches fréquentes** : activités que vous réalisez au moins plusieurs fois par semaine
- **Tâches mesurables** : processus dont vous pouvez facilement chronométrer la durée
- **Tâches à valeur perçue** : activités dont le gain de temps sera reconnu comme précieux par vos décideurs
- **Tâches représentatives** : ensemble qui couvre différentes applications M365 (Outlook, Word, PowerPoint, Excel)

Un chef de projet que j'accompagne a sélectionné ces quatre tâches pour sa mesure : rédaction de comptes-rendus de réunion, création de présentations d'avancement projet, analyse des performances d'équipe dans Excel, et préparation de réponses à des emails complexes. Ce panel équilibré lui a permis de démontrer des gains dans l'ensemble de son workflow quotidien.

L'établissement de la référence "avant Copilot" requiert une rigueur méthodologique que je vous invite à suivre scrupuleusement. Créez un tableau simple avec ces colonnes : Tâche, Date, Heure début, Heure fin, Durée, Notes. Pendant une semaine type, enregistrez méthodiquement le temps passé sur chacune des tâches sélectionnées, sans modifier votre façon habituelle de travailler. Cette référence constituera votre "baseline" pour calculer les gains ultérieurs.

Les relevés doivent être réalisés sur un échantillon représentatif. Pour une tâche quotidienne comme le traitement d'emails, mesurez au moins cinq occurrences. Pour des activités hebdomadaires comme la préparation de reportings, trois à quatre occurrences fourniront une moyenne fiable. Notez également les variations de complexité pour contextualiser vos mesures.

Une responsable marketing que j'ai formée a découvert, en établissant sa référence, qu'elle consacrait en moyenne 45 minutes à la rédaction de chaque brief créatif, 2h30 à la préparation de présentations clients, et 30 minutes quotidiennes au traitement d'emails prioritaires. Cette prise de conscience du temps réellement passé sur ces tâches a constitué en soi une révélation précieuse sur sa répartition d'efforts.

La phase de mesure "avec Copilot" suit la même méthodologie rigoureuse. Pour chaque tâche identifiée, chronométrez le temps nécessaire en utilisant Copilot comme assistant. Important : prenez en compte la courbe d'apprentissage en réalisant plusieurs mesures sur une période de deux à trois semaines. Vous constaterez généralement que les gains s'accentuent à mesure que votre maîtrise des prompts s'améliore.

Pour garantir la comparabilité des résultats, assurez-vous que les tâches mesurées avec Copilot sont de complexité similaire à celles de votre référence. Documentez précisément les prompts utilisés ainsi que toute étape de post-édition nécessaire. Cette transparence méthodologique renforcera la crédibilité de vos conclusions lors de leur présentation.

Le calcul des gains de temps s'effectue ensuite selon cette formule simple que j'utilise avec tous mes clients :

1. Calculez le temps moyen pour chaque tâche avant Copilot (T_1)
2. Calculez le temps moyen pour chaque tâche avec Copilot (T_2)
3. Déterminez le gain unitaire : $G = T_1 - T_2$
4. Multipliez par la fréquence pour obtenir le gain hebdomadaire
5. Extrapolez sur un mois puis une année

Prenons l'exemple concret de cette directrice commerciale qui a mesuré un gain de 30 minutes par compte-rendu de réunion. Avec 6 réunions hebdomadaires nécessitant un compte-rendu, son gain s'élève à 3 heures par semaine, soit environ 12 heures mensuelles et 144 heures annuelles. Cet exemple illustre la puissance de l'extrapolation pour révéler l'ampleur réelle des gains.

Pour renforcer l'impact de votre démonstration, je vous recommande de présenter vos résultats sous forme de visualisations simples et percutantes. Un graphique en barres comparant les temps "avant/après" pour chaque tâche ou un camembert illustrant la répartition du temps économisé entre différentes activités parlera bien plus qu'un simple tableau de chiffres.

La traduction en valeur financière constitue l'étape décisive pour convaincre votre direction financière. Multipliez simplement le temps annuel économisé par le coût horaire moyen de votre poste (ou celui des collaborateurs concernés). Cette conversion du temps en euros crée un indicateur immédiatement comparable au coût de l'abonnement Copilot.

Un contrôleur de gestion de mon réseau a mesuré un gain annuel de 180 heures grâce à Copilot. Avec un coût horaire chargé de 60€, cela représente une économie potentielle de 10 800€, à comparer à l'investissement annuel de 360€ pour la licence Copilot. Ce ROI spectaculaire de 30:1 a immédiatement convaincu sa direction d'étendre le déploiement.

Les bénéfices indirects méritent également d'être quantifiés, même s'ils sont plus difficiles à mesurer. Par exemple, le temps économisé sur des tâches administratives peut être réinvesti dans des activités à plus forte valeur ajoutée comme le développement commercial ou l'innovation. Documentez ces réallocations de temps pour enrichir votre argumentaire.

Pour les rôles impliquant des livrables clients facturables, l'impact peut être encore plus direct. Un consultant avec qui je travaille a mesuré que Copilot lui permettait de réduire de 20% le temps de production de ses rapports d'analyse, ce qui se traduit soit par une augmentation de sa marge sur des missions à prix fixe, soit par une capacité à traiter plus de projets simultanément.

La segmentation des gains par catégorie d'activité offre des insights précieux. Le tableau suivant synthétise les économies moyennes observées chez mes clients selon les grandes familles de tâches :

- **Communication écrite** (emails, messages) : 25-35% de réduction du temps
- **Documentation et rapports** : 30-50% de réduction du temps

- **Analyse de données** : 40-60% de réduction du temps
- **Présentations et supports visuels** : 30-45% de réduction du temps
- **Recherche d'informations** : 50-70% de réduction du temps

Ces pourcentages constituent des repères utiles pour valider la plausibilité de vos propres mesures, tout en vous permettant d'anticiper les domaines où les gains seront potentiellement les plus significatifs.

La dimension évolutive des gains mérite une attention particulière. Mes observations montrent que l'efficacité avec Copilot suit généralement une courbe d'apprentissage en trois phases :

1. **Phase initiale** (1-2 semaines) : gains modestes de 10-15% pendant la familiarisation
2. **Phase d'adoption** (2-8 semaines) : progression rapide jusqu'à 30-40% d'économie
3. **Phase de maîtrise** (2+ mois) : stabilisation autour de 40-60% selon les types de tâches

Cette progression naturelle doit être intégrée dans votre planification ROI et vos communications aux décideurs. Le plein potentiel de l'outil ne se révèle qu'après quelques semaines d'utilisation régulière et d'amélioration de vos prompts.

Les variations individuelles entre utilisateurs peuvent être significatives. Mes mesures auprès de différentes équipes révèlent des écarts de 15 à 20 points dans les gains d'efficacité entre utilisateurs pour les mêmes tâches. Ces différences s'expliquent principalement par la qualité des prompts utilisés et la capacité à éditer efficacement les résultats générés.

Pour maximiser et homogénéiser les gains dans votre organisation, je recommande vivement la création d'une bibliothèque partagée de prompts optimisés par tâche. Cette ressource collaborative permet aux nouveaux utilisateurs d'atteindre plus rapidement la phase de maîtrise et garantit une mesure plus fiable des bénéfices à l'échelle de l'équipe.

Le suivi dans la durée constitue la clé d'une démonstration de ROI crédible. Instaurez des "points de mesure" réguliers, par exemple trimestriels, pour réévaluer les gains sur vos tâches cibles et identifier de nouvelles opportunités d'optimisation. Cette approche longitudinale vous permettra de démontrer l'amélioration continue de votre retour sur investissement.

Dans la prochaine section, nous explorerons comment compléter cette quantification du temps par une évaluation des améliorations qualitatives, dimension tout aussi importante mais souvent négligée dans les analyses ROI traditionnelles.

5.1.2 ÉVALUER L'AMÉLIORATION QUALITATIVE DE VOS PRODUCTIONS

La dimension qualitative de l'amélioration apportée par Copilot constitue un aspect crucial du ROI, souvent négligé dans les analyses centrées uniquement sur le gain de temps. Mon expérience auprès de dizaines d'organisations révèle que cette amélioration qualitative génère une valeur considérable bien que plus difficile à quantifier. Le temps gagné ne représente qu'une partie de l'équation ; la transformation de la qualité de vos productions professionnelles complète l'analyse pour une vision holistique du retour sur investissement.

Les dimensions qualitatives méritent d'être mesurées avec autant de rigueur que les gains temporels. J'ai développé au fil de mes accompagnements une méthodologie structurée pour objectiver ces améliorations subjectives. Cette approche vous permettra de démontrer concrètement comment Copilot transforme non seulement votre efficacité mais également l'impact et la valeur perçue de vos livrables professionnels.

L'identification des critères qualitatifs pertinents constitue la première étape essentielle. Pour chaque type de production, définissez 3 à 5 indicateurs observables et significatifs. Voici les dimensions que je recommande d'évaluer pour les productions les plus courantes :

- **Documents et rapports** : clarté structurelle, richesse des informations, cohérence argumentative, accessibilité pour lecteurs non-experts, qualité rédactionnelle
- **Présentations** : impact visuel, clarté du message, équilibre texte/visuel, mémorabilité des points clés, richesse des exemples
- **Analyses et synthèses** : profondeur d'analyse, pertinence des insights, précision des données, facilité de compréhension, utilité pratique
- **Communications** : adaptation au destinataire, concision, ton approprié, clarté des actions requises, richesse contextuelle

Ces dimensions vous donneront un cadre d'évaluation structuré pour mesurer les progrès qualitatifs de façon méthodique plutôt que purement impressionniste. La subjectivité inhérente à ces critères ne diminue en rien leur importance dans l'évaluation globale du ROI.

L'établissement d'une référence qualitative "avant Copilot" représente une étape cruciale souvent négligée. Avant de commencer à utiliser Copilot pour une catégorie spécifique de productions, sélectionnez 2-3 exemples représentatifs de vos créations antérieures. Évaluez-les rigoureusement selon vos critères définis, idéalement sur une échelle simple de 1 à 5. Cette auto-évaluation honnête constitue votre "point zéro" qui servira de base de comparaison.

Les responsables marketing avec qui je travaille adoptent souvent cette approche pour leurs contenus éditoriaux. Une directrice marketing a ainsi évalué ses briefs créatifs habituels avant d'utiliser Copilot : structure 3/5, clarté des objectifs 4/5, richesse des références 2/5, cohérence du ton 3/5. Cette référence initiale lui a permis de mesurer précisément l'amélioration qualitative ultérieure.

La collecte de feedbacks externes apporte une dimension objective précieuse à votre évaluation. Les destinataires de vos productions - collègues, supérieurs, clients - peuvent offrir des perspectives inestimables sur l'évolution qualitative. J'ai développé cette méthode simple en trois temps que vous pouvez adapter :

1. Identifiez 3-5 personnes dont l'avis vous importe pour chaque type de production
2. Demandez-leur d'évaluer vos productions assistées par Copilot sans mentionner l'utilisation de l'IA
3. Recueillez leurs commentaires qualitatifs et quantitatifs sur les mêmes dimensions que vous avez définies

Cette triangulation des perspectives renforcera considérablement la crédibilité de votre analyse qualitative. Un consultant de mon réseau a été surpris de constater que ses clients notaient systématiquement ses propositions commerciales assistées par Copilot 20% plus favorablement que ses versions précédentes, notamment sur les critères de clarté et de personnalisation.

L'analyse comparative structurée entre l'avant et l'après Copilot constitue le cœur de votre démonstration d'amélioration qualitative. Pour chaque catégorie de production, créez un tableau comparatif simple mettant en parallèle vos évaluations sur les critères définis. Visualisez ces progressions par des graphiques en radar qui illustrent éloquemment les dimensions d'amélioration.

La dimension temporelle de cette amélioration mérite une attention particulière. Mes observations montrent que la progression qualitative suit généralement trois phases distinctes :

- **Phase initiale (1-3 semaines)** : améliorations modestes, principalement sur la structure et la complétude

- **Phase d'accélération (3-8 semaines)** : progrès significatifs sur la personnalisation et la pertinence contextuelle
- **Phase de maîtrise (2+ mois)** : raffinement subtil, notamment sur l'unicité du style et la sophistication des contenus

Cette progression naturelle doit être intégrée dans votre analyse pour une évaluation juste de l'impact qualitatif dans le temps. Les améliorations les plus significatives apparaissent généralement après la phase d'apprentissage initial.

Les témoignages spécifiques de l'amélioration qualitative constituent des arguments particulièrement convaincants. Documentez soigneusement les retours positifs spontanés que vous recevez sur vos productions. Un responsable de formation que j'accompagne a créé un dossier spécifique où il collecte méthodiquement les commentaires enthouusiastes sur ses supports pédagogiques depuis qu'il utilise Copilot : "Meilleure structure", "Exemples plus pertinents", "Visuels plus clairs".

Ces verbatims authentiques apportent une dimension humaine précieuse à votre démonstration d'amélioration qualitative. Privilégiez les citations spécifiques et détaillées plutôt que les appréciations générales.

La traduction des améliorations qualitatives en valeur business représente l'étape ultime pour convaincre votre direction. Selon mes observations auprès de dizaines d'organisations, ces améliorations génèrent trois types de valeur business concrète :

- **Valeur commerciale** : taux de conversion amélioré des propositions, satisfaction client accrue, fidélisation renforcée
- **Valeur organisationnelle** : meilleure compréhension entre équipes, réduction des malentendus, diminution des cycles de révision

- **Valeur stratégique** : prise de décision plus éclairée, alignement renforcé, clarté accrue des objectifs

Identifiez parmi ces catégories celles qui résonnent le plus avec les priorités de votre organisation pour construire un argumentaire parfaitement adapté à votre contexte spécifique.

L'équilibre entre standardisation et créativité mérite une évaluation nuancée. Contrairement aux craintes initiales, mes clients constatent généralement que Copilot ne standardise pas excessivement leurs productions mais les libère plutôt pour exprimer leur créativité unique. Un directeur artistique m'a confié : "Copilot gère l'aspect technique de la structuration, me laissant plus d'espace mental pour l'originalité conceptuelle."

Cette dimension qualitative inattendue - le gain créatif - représente un bénéfice significatif qui mérite d'être documenté dans votre analyse ROI. Mesurez votre sentiment de liberté créative avant et après l'adoption de Copilot pour quantifier cet aspect souvent négligé.

La dimension d'apprentissage et d'amélioration continue constitue un autre bénéfice qualitatif majeur. De nombreux utilisateurs rapportent que l'interaction régulière avec Copilot améliore progressivement leurs propres compétences rédactionnelles, analytiques ou visuelles. Comme me l'expliquait un analysiste financier : "En voyant comment Copilot structure ses analyses, j'ai amélioré ma propre façon d'organiser l'information."

Cet effet d'apprentissage représente un ROI indirect particulièrement précieux à long terme. Il transforme l'investissement dans Copilot en développement de compétences durables pour vos équipes, créant un cercle vertueux d'amélioration continue.

Pour une évaluation holistique, j'ai développé ce que j'appelle la "Matrice d'Amélioration Qualitative" que je partage avec tous mes clients. Cette structure en quatre quadrants vous permet d'évaluer systématiquement l'impact de Copilot sur :

1. **La qualité intrinsèque** des productions (structure, clarté, complétude)
2. **La pertinence contextuelle** (adaptation à l'audience, personnalisation)
3. **L'impact perçu** (réception par les destinataires, influence sur les décisions)
4. **La satisfaction personnelle** (fierté du travail, confiance en ses productions)

Cette approche multidimensionnelle vous garantit une évaluation complète qui capture l'ensemble des bénéfices qualitatifs générés par Copilot.

Dans la prochaine section, nous explorerons comment transformer ces données quantitatives et qualitatives en un argumentaire structuré et percutant pour convaincre votre hiérarchie ou vos équipes d'investir dans Copilot. Vous découvrirez comment présenter vos résultats de manière claire, crédible et adaptée aux préoccupations spécifiques de différents types de décideurs.

5.2 Construire Votre Argumentaire pour Convaincre Votre Hiérarchie ou Vos Équipes

5.2.1 Présenter des Données de ROI Claires et Impactantes

La présentation efficace des données de ROI transforme radicalement la perception de Copilot M365 au sein de votre organisation. Mes années d'expérience en accompagnement d'entreprises m'ont enseigné une vérité fondamentale : les chiffres seuls ne suffisent jamais à convaincre. Ce qui fait la différence, c'est la manière dont vous articulez ces données dans une narration percutante adaptée à votre audience.

Les décideurs confrontés quotidiennement à des choix d'investissement recherchent des arguments clairs, crédibles et directement liés aux priorités stratégiques de l'organisation. Votre mission consiste à transformer les mesures brutes que vous avez collectées en un récit convaincant qui résonne avec les préoccupations spécifiques de vos interlocuteurs.

Pour créer une présentation ROI véritablement impactante, j'ai développé au fil de mes accompagnements un framework en quatre composantes que je vous invite à adopter. Cette structure éprouvée vous guidera vers un argumentaire structuré et persuasif, quelle que soit votre audience.

Le premier pilier concerne l'adaptation stratégique de votre message. Différents profils de décideurs sont sensibles à différents types d'arguments. Voici comment personnaliser votre approche selon l'audience :

- **Pour la direction financière** : mettez en avant le coût total de possession, les économies directes quantifiables, et le délai de rentabilisation. Présentez des graphiques comparant l'investissement initial aux gains cumulés sur 12-24 mois.

- **Pour les responsables opérationnels** : focalisez-vous sur l'impact des gains de temps sur la productivité des équipes, la réduction des goulots d'étranglement, et l'amélioration des délais de livraison. Des visualisations montrant "l'avant/après" sur les processus clés sont particulièrement efficaces.

- **Pour la direction générale** : articulez votre présentation autour des objectifs stratégiques de l'entreprise, comme l'amélioration de l'expérience client, l'innovation ou l'avantage concurrentiel. Démontrez comment les gains d'efficacité se traduisent en impacts business tangibles.

- **Pour les équipes RH** : soulignez l'impact sur l'expérience collaborateur, la réduction du stress, et l'attraction/rétention des talents. Les témoignages utilisateurs jouent ici un rôle crucial.

Un directeur SI avec qui je travaille régulièrement a obtenu un financement complet pour 500 licences Copilot en utilisant cette approche segmentée. Sa présentation comportait trois sections distinctes, chacune adaptée à un public spécifique au sein du comité exécutif, maximisant ainsi son impact global.

Le deuxième pilier repose sur l'art de la visualisation des données. Mes expériences démontrent que la transformation de chiffres bruts en visualisations percutantes multiplie l'impact de votre message. Privilégiez ces formats visuels à fort impact :

- **Graphiques comparatifs avant/après** : illustrez clairement le contraste entre les processus traditionnels et ceux assistés par Copilot
- **Courbes d'adoption et de gains** : montrez la progression des bénéfices au fil du temps, démontrant un effet cumulatif

- **Diagrammes de répartition** : visualisez comment les gains se distribuent entre différentes activités ou départements
- **Infographies de parcours utilisateur** : illustrez comment Copilot transforme concrètement le quotidien d'un collaborateur type

La puissance des visualisations réside dans leur capacité à rendre immédiatement perceptibles des tendances ou contrastes qui resteraient abstraits sous forme de tableaux de chiffres. Une responsable transformation que j'accompagne a vu son taux d'approbation pour un projet Copilot passer de 40% à 85% simplement en remplaçant ses tableaux Excel par des visualisations stratégiques des mêmes données.

La contextualisation business constitue le troisième pilier essentiel de votre argumentaire ROI. Les chiffres isolés manquent de force persuasive s'ils ne sont pas ancrés dans la réalité concrète de votre organisation. Pour chaque métrique, posez-vous ces questions cruciales :

1. Comment ce gain s'aligne-t-il avec nos objectifs stratégiques actuels ?
2. Quel problème business spécifique cette amélioration résout-elle ?
3. Comment ces bénéfices se comparent-ils à d'autres initiatives ou investissements similaires ?
4. Quels risques business cette adoption nous permet-elle d'atténuer ?

Cette contextualisation transforme des statistiques abstraites en arguments business percutants. Un directeur marketing a brillamment illustré ce principe en présentant son ROI Copilot non comme "un gain de 4 heures par semaine et par rédacteur", mais comme "la capacité de produire 30% de contenus stratégiques supplémentaires avec la même équipe, nous permettant de couvrir trois nouveaux segments de marché sans recrutement additionnel".

Le storytelling constitue le quatrième pilier décisif de votre présentation ROI. Les histoires concrètes d'utilisation et de transformation captent l'attention, suscitent l'émotion et rendent les bénéfices tangibles. Structurez vos "success stories" Copilot selon ce modèle éprouvé :

1. **Situation initiale** : décrivez le défi ou problème concret que rencontrait l'équipe
2. **Obstacle** : expliquez les limitations ou frustrations des méthodes traditionnelles
3. **Action** : présentez comment Copilot a été implémenté pour résoudre ce problème
4. **Résultat** : partagez les bénéfices quantifiables et qualitatifs obtenus
5. **Perspectives** : évoquezs les développements futurs rendus possibles par ces gains

Les histoires captivantes de transformation constituent souvent l'élément le plus mémorisé de votre présentation. Une directrice des opérations m'a confié que c'est le témoignage direct d'un manager commercial décrivant comment Copilot avait transformé sa préparation de réunions clients qui a finalement convaincu son comité de direction, bien plus que tous les graphiques présentés auparavant.

Pour maximiser l'impact de votre présentation ROI, j'ai identifié plusieurs techniques avancées que mes clients ont utilisées avec succès :

- **La démonstration live** : rien ne remplace l'impact d'une démonstration en temps réel d'un usage à forte valeur ajoutée, chronométrée pour montrer le gain de temps
- **La comparaison avec des investissements familiers** : traduisez le ROI en équivalents compréhensibles (ex: "chaque licence Copilot génère un retour équivalent à...")
- **L'approche progressive** : présentez un plan d'adoption par phases avec des objectifs ROI clairs pour chaque étape

- **La validation externe** : partagez des études de cas ou benchmarks d'organisations similaires ayant adopté Copilot

La structure même de votre présentation influence considérablement son impact. Après des centaines de sessions de coaching, j'ai développé ce format optimal pour une présentation ROI Copilot :

1. **Ouverture impactante** : commencez par le bénéfice le plus spectaculaire ou un témoignage fort
2. **Contexte et objectifs** : rappelez brièvement le contexte de l'adoption et les objectifs visés
3. **Méthodologie** : expliquez succinctement comment les données ont été collectées pour établir votre crédibilité
4. **Résultats clés** : présentez 3-5 métriques majeurs avec visualisations, contexte business et histoires illustratives
5. **Projection future** : montrez l'évolution attendue des gains sur 6-12 mois
6. **Recommandations** : proposez des actions concrètes pour maximiser le ROI

La gestion des objections représente un aspect crucial souvent négligé. Anticipez les questions et doutes potentiels en préparant des réponses solides, soutenues par vos données. Les objections les plus fréquentes concernent généralement :

- La représentativité de l'échantillon mesuré
- La pérennité des gains dans la durée
- La comparaison avec des solutions alternatives
- Les coûts cachés non comptabilisés

Préparez pour chacune des éléments de réponse précis, idéalement appuyés par des données complémentaires. Cette anticipation renforce considérablement la robustesse de votre argumentaire.

Le support visuel de votre présentation mérite une attention particulière. Privilégiez un design épuré mettant en valeur les données clés. Limitez-vous à une idée forte par diapositive, avec un titre affirmatif plutôt que descriptif. Comparez "Copilot réduit le temps de reporting de 40%" (affirmatif) à "Impact de Copilot sur le temps de reporting" (descriptif). Cette approche directe renforce considérablement l'impact de chaque point.

L'importance du suivi post-présentation est souvent sous-estimée. Après avoir présenté votre ROI, assurez-vous de :

1. Diffuser un résumé exécutif aux décideurs clés
2. Proposer des sessions de démonstration personnalisées
3. Mettre en place un tableau de bord de suivi des métriques présentées
4. Organiser des points réguliers pour communiquer sur l'évolution des gains

Cette approche de suivi maintient la dynamique positive et démontre votre engagement dans la durée, renforçant la confiance dans votre projet.

Dans la section suivante, nous explorerons comment capitaliser sur ces premiers succès pour encourager une adoption plus large de Copilot au sein de votre organisation. Vous découvrirez des stratégies pour transformer les premiers utilisateurs convaincus en véritables ambassadeurs du changement, créant un effet d'entraînement qui maximisera l'impact global de votre investissement.

5.2.2 Partager les Succès et Encourager l'Adoption à Plus Grande Échelle

La transformation digitale réussie repose moins sur la technologie elle-même que sur sa diffusion et son adoption à travers l'organisation. Cette réalité fondamentale s'applique parfaitement à Copilot M365. Vos premiers succès individuels ou en équipe restreinte constituent un socle précieux, mais leur impact organisationnel reste limité sans stratégie d'expansion délibérée. J'ai constaté dans mes accompagnements que cette phase de propagation représente souvent le facteur déterminant entre un déploiement qui stagne et une adoption transformative.

Les chiffres parlent d'eux-mêmes : selon mes observations, les organisations qui implémentent une démarche structurée de partage d'expérience obtiennent un taux d'adoption jusqu'à trois fois supérieur aux approches traditionnelles de déploiement top-down. Cette différence spectaculaire s'explique par un principe simple mais puissant : les collaborateurs sont bien plus réceptifs aux témoignages concrets de leurs pairs qu'aux promesses abstraites des fournisseurs ou de la direction.

Capitaliser sur vos premiers succès nécessite une approche méthodique que j'ai perfectionnée au fil de mes interventions. Voici les piliers essentiels de cette démarche de propagation :

- **Documentation systématique des gains** : capturez précisément les bénéfices obtenus, qu'ils soient quantitatifs (temps économisé, productivité accrue) ou qualitatifs (stress réduit, qualité améliorée)
- **Création d'une bibliothèque de prompts** : rassemblez vos formulations les plus efficaces pour chaque cas d'usage, facilitant ainsi l'adoption par de nouveaux utilisateurs
- **Partage narratif des expériences** : transformez les données brutes en histoires concrètes qui résonnent émotionnellement avec vos collègues
- **Création d'un réseau d'ambassadeurs** : identifiez et formez des relais d'influence dans différents services
- **Organisation d'événements de démonstration** : montrez concrètement les usages à fort impact dans des formats courts et interactifs

La documentation des succès forme la pierre angulaire de votre stratégie d'expansion. Au-delà des métriques froides, pensez à capturer l'expérience humaine complète. Un responsable marketing de mon réseau a créé un document interne intitulé "Mes victoires Copilot" où il consigne non seulement les gains mesurables, mais aussi les moments de satisfaction professionnelle : "J'ai pu produire en 30 minutes un rapport que mon directeur a qualifié de 'plus clair et percutant que jamais'." Ces témoignages authentiques touchent des cordes sensibles que les chiffres seuls ne peuvent atteindre.

La création d'une bibliothèque partagée de prompts représente un accélérateur d'adoption particulièrement efficace. Une directrice financière avec qui je travaille a développé un fichier Teams collaboratif où chaque membre de son département peut ajouter ses meilleurs prompts, classés par cas d'usage. Cette ressource démocratise l'accès à l'expertise et réduit considérablement la courbe d'apprentissage pour les nouveaux utilisateurs. Leur règle est simple : pour chaque prompt partagé, il faut documenter succinctement le contexte d'utilisation et la valeur obtenue.

Pour maximiser l'impact de votre partage d'expérience, structurez vos témoignages selon ce modèle éprouvé en quatre temps :

1. **Le problème initial** : décrivez brièvement le défi concret que vous cherchiez à résoudre
2. **L'approche Copilot** : expliquez comment vous avez utilisé l'outil, idéalement avec le prompt exact
3. **Les résultats tangibles** : partagez les bénéfices obtenus avec des métriques précises quand possible
4. **Le facteur "wow"** : terminez par l'élément qui a le plus surpris ou impressionné, créant ainsi un effet mémorable

Cette structure narrative capture l'attention et maximise la mémorisation, tout en fournissant un modèle facilement reproductible. Un consultant en stratégie m'a confié que ses collègues se rappellent plus facilement des prompts présentés dans ce format que ceux partagés sous forme de simple liste.

L'identification et la mobilisation d'ambassadeurs naturels constitue un levier puissant de diffusion organique. Contrairement aux approches formelles désignant des "champions" officiels, je recommande de repérer les utilisateurs naturellement enthousiastes et influents. Ces personnes partagent spontanément leurs découvertes et génèrent une curiosité authentique autour d'elles. Équipez-les de ressources, reconnaissez leur contribution, et facilitez leur rôle de transmission sans le formaliser excessivement.

La psychologie du partage mérite une attention particulière. Mes observations révèlent une corrélation directe entre la façon dont les succès sont communiqués et leur pouvoir d'inspiration. Un succès présenté comme exceptionnel ou résultant d'une expertise rare ("J'ai créé un prompt sophistiqué qui...") décourage paradoxalement l'adoption, suggérant implicitement que cette réussite n'est pas accessible à tous. À l'inverse, un même résultat présenté comme simple et reproductible ("J'ai simplement demandé à Copilot de...") déclenche bien plus d'émulation.

Les formats courts et visuels accélèrent considérablement la diffusion des bonnes pratiques. Une responsable communication de mon réseau a lancé les "Minutes Copilot", de courtes vidéos de moins de 2 minutes où un collaborateur montre un usage spécifique en temps réel. Ces démonstrations condensées, partagées sur Teams, génèrent systématiquement des vagues d'adoption. Le format respecte une règle d'or : un seul cas d'usage par vidéo, montré de A à Z, avec un bénéfice clairement identifiable.

Les sessions de démonstration live représentent un autre vecteur particulièrement efficace. J'encourage mes clients à organiser régulièrement des "cafés Copilot" informels de 30 minutes où les utilisateurs peuvent partager leurs découvertes récentes. Le caractère spontané et authentique de ces échanges entre pairs génère typiquement plus d'adoption que les formations structurées. La proximité entre utilisateurs crée une dynamique de "si elle/il peut le faire, je peux aussi" particulièrement motivante.

Pour les organisations plus formelles, la création d'un centre d'excellence Copilot offre une approche structurée complémentaire. Cette équipe transverse assume plusieurs fonctions clés :

- Rassembler et valider les cas d'usage à valeur prouvée
- Documenter et partager les meilleures pratiques
- Animer la communauté des utilisateurs
- Identifier les obstacles techniques ou organisationnels à l'adoption
- Mesurer et communiquer les bénéfices collectifs

Ce modèle hybride combinant diffusion organique et coordination centrale s'avère particulièrement efficace dans les grandes organisations. Un groupe industriel français a ainsi réussi à déployer Copilot auprès de 2000 utilisateurs en six mois, avec un taux d'adoption active de 78%, bien supérieur aux benchmarks habituels.

La dimension interculturelle mérite une attention particulière dans les organisations internationales. Mes interventions révèlent des différences significatives dans l'appréhension et l'adoption de Copilot selon les cultures. Dans ces contextes, encouragez le partage d'expériences entre pairs de même culture ou région, réduisant ainsi les barrières psychologiques liées aux différences de pratiques professionnelles ou d'approche technologique.

L'organisation d'un programme de mentorat informel représente un accélérateur puissant pour les nouveaux adoptants. Une directrice RH a mis en place un système simple où chaque nouvel utilisateur Copilot peut solliciter 30 minutes d'accompagnement personnalisé avec un utilisateur expérimenté de son choix. Cette approche du "buddy system" réduit considérablement l'anxiété face à la nouvelle technologie et crée des liens transverses précieux au sein de l'organisation.

Les concours et défis ludiques stimulent efficacement l'adoption créative. Plusieurs entreprises que j'accompagne organisent régulièrement des challenges comme "Le prompt le plus ingénieux", "L'économie de temps la plus impressionnante" ou "L'usage le plus inattendu de Copilot". Ces initiatives génèrent une émulation positive tout en alimentant la bibliothèque collective de cas d'usage. La dimension compétitive, maintenue dans un esprit bienveillant, encourage l'exploration et l'innovation.

La reconnaissance des contributeurs joue un rôle crucial dans la dynamique d'adoption. Valorisez publiquement ceux qui partagent leurs expériences et prompts, que ce soit dans les réunions d'équipe, les newsletters internes ou sur l'intranet. Cette visibilité positive renforce leur engagement tout en signalant l'importance que l'organisation accorde à cette démarche collective d'amélioration continue.

Pour les organisations réticentes ou particulièrement prudentes, l'approche des "petits pas mesurables" s'avère particulièrement efficace. Commencez par documenter des gains modestes mais incontestables dans un périmètre restreint, puis utilisez ces résultats pour justifier une expansion progressive. Cette stratégie d'adoption par cercles concentriques génère moins de résistance que les déploiements massifs tout en construisant une base solide de preuves internes.

La création de rituels d'équipe autour du partage d'innovations Copilot ancre l'outil dans la culture organisationnelle. Une équipe projet que j'accompagne consacre désormais les 10 premières minutes de sa réunion hebdomadaire au partage d'une astuce Copilot. Cette pratique simple a progressivement transformé la perception de l'outil, passant d'une "option intéressante" à un "standard d'équipe" en quelques mois seulement.

Dans le prochain chapitre, nous explorerons comment anticiper l'évolution future de Copilot et positionner votre organisation pour capitaliser sur les prochaines innovations. Vous découvrirez comment maintenir votre avance technologique tout en consolidant les gains déjà obtenus, créant ainsi une culture d'amélioration continue qui dépasse largement le cadre de cet outil spécifique.

CONCLUSION

Le moment est venu de faire le point sur votre voyage avec Copilot M365. À travers les pages de ce guide, nous avons exploré ensemble des dizaines de cas d'usage concrets, des prompts optimisés et des stratégies d'implémentation immédiatement applicables dans votre quotidien professionnel. Cette aventure n'était pas une simple exploration technologique, mais une transformation pratique de votre relation au travail digital.

Vous vous souvenez peut-être de vos sentiments en ouvrant ce livre. Scepticisme face aux promesses marketing de l'IA générative? Doutes sur la capacité de Copilot à s'intégrer réellement dans vos workflows? Questionnements sur le retour sur investissement? Ces réactions étaient non seulement normales mais saines. Le pragmatisme que vous avez manifesté reflète une maturité professionnelle que j'observe chez mes clients les plus performants.

Ce qui fait la différence entre une technologie qui reste une curiosité et une qui transforme votre productivité réside précisément dans cette approche terre-à-terre que nous avons adoptée ensemble. Pas de grands discours théoriques sur les merveilles de l'IA, mais des applications concrètes, mesurables et immédiatement valorisables. Cette philosophie "résultats d'abord" constitue l'ADN même de ce guide et, j'espère, de votre approche future avec Copilot.

La route que nous avons parcourue ensemble a démarré avec des gains rapides dans la gestion d'emails et de réunions. Ces premiers pas vous ont montré la puissance de l'outil dans vos tâches quotidiennes les plus chronophages. Je me souviens de l'expression d'un directeur commercial lors d'une formation: "C'est comme si on m'avait rendu plusieurs heures de ma semaine." Cette sensation de temps retrouvé représente souvent la première victoire tangible avec Copilot.

Nous avons ensuite exploré comment accélérer votre création de contenu, de la rédaction de documents à la génération de présentations impactantes. Cette capacité à produire des premiers jets de qualité transforme non seulement votre efficacité mais aussi votre relation à la page blanche. L'angoisse de démarrer un document important s'estompe lorsque vous savez que Copilot peut vous proposer une structure initiale pertinente en quelques secondes.

L'analyse de données représentait une autre frontière que nous avons franchie ensemble. La démocratisation de l'analyse Excel et l'extraction d'insights des réunions Teams ouvrent des possibilités jusqu'alors réservées aux experts. J'ai vu des professionnels non-techniques obtenir des réponses à des questions business complexes en quelques secondes, là où ils auraient auparavant abandonné face à la complexité technique.

La collaboration amplifiée par Copilot a constitué une autre dimension majeure de notre exploration. Partage de contexte, co-création en temps réel, workflows optimisés: autant de facettes qui révèlent la véritable nature de Copilot, non pas comme un outil individuel, mais comme un transformateur de dynamiques collectives. Une responsable d'équipe m'a confié récemment: "Ce n'est pas seulement ma productivité qui a changé, c'est toute notre façon de travailler ensemble."

Enfin, notre cheminement s'est conclu sur la démonstration de valeur et la justification de l'investissement. Car la meilleure technologie du monde reste inutile si elle n'est pas adoptée. Les méthodologies de mesure du ROI et les stratégies d'argumentation que nous avons explorées vous ont armé pour transformer les premiers succès individuels en mouvement collectif au sein de votre organisation.

Pour illustrer cette progression, je vois votre parcours comme celui d'un explorateur dans un territoire nouveau. Les premiers pas sont prudents, testant le terrain à chaque avancée. Puis vient la confiance, permettant d'explorer plus loin, de prendre des risques calculés. Enfin s'installe la maîtrise, cette capacité à naviguer intuitivement dans cet environnement devenu familier, à y tracer vos propres chemins.

Cette métaphore de l'exploration illustre parfaitement les trois phases d'adoption de Copilot que j'observe systématiquement chez mes clients:

- **Phase de découverte**: période d'expérimentation où vous testez des prompts simples sur des tâches basiques, mesurant les premiers gains de temps
- **Phase d'expansion**: moment où vous commencez à appliquer Copilot à des tâches plus complexes et stratégiques, personnalisant vos approches
- **Phase d'intégration**: étape où Copilot devient un réflexe naturel dans votre workflow, transformant structurellement votre façon de travailler

À quelle phase vous situez-vous aujourd'hui? Peut-être naviguez-vous entre ces étapes selon les applications ou les contextes. Cette progression n'est jamais parfaitement linéaire, et c'est normal. Certains jours, vous vous sentirez expert; d'autres, vous reviendrez aux fondamentaux. L'important reste cette trajectoire globale d'apprentissage et d'intégration.

Le parcours que vous avez entamé s'inscrit dans une transformation plus large du travail intellectuel à l'ère de l'IA générative. Je vois Copilot non pas comme une fin en soi, mais comme le début d'une nouvelle relation avec la technologie. Une relation où l'humain définit l'intention, la direction et le jugement, tandis que l'IA amplifie, accélère et augmente nos capacités cognitives.

Cette symbiose homme-machine représente une évolution fondamentale dans notre rapport au travail. Je rencontre encore des professionnels qui perçoivent l'IA comme une menace, une technologie qui viendrait les remplacer. Mon expérience démontre exactement l'inverse: ceux qui maîtrisent ces outils deviennent plus précieux, plus stratégiques et plus créatifs dans leurs organisations. Ils délèguent le mécanique pour se concentrer sur l'uniquement humain: l'empathie, le jugement contextuel, la créativité disruptive.

Quelles perspectives s'ouvrent maintenant devant vous? Je vois trois horizons de développement qui méritent votre attention:

1. **L'approfondissement technique**: affiner vos prompts, explorer des cas d'usage plus sophistiqués, maîtriser les nuances entre différentes applications
2. **L'expansion métier**: adapter Copilot à vos problématiques spécifiques, l'intégrer dans vos processus critiques, mesurer son impact sur vos KPIs
3. **Le leadership transformationnel**: devenir un catalyseur de changement dans votre organisation, accompagner vos collègues, construire une culture d'innovation assistée par IA

Ces trois dimensions ne sont pas mutuellement exclusives. Vous pouvez progresser simultanément sur ces fronts, en dosant vos efforts selon vos priorités et votre contexte.

Pour continuer votre développement, je vous invite à adopter ces pratiques que j'ai observées chez les utilisateurs les plus performants de Copilot:

- **La pratique délibérée**: consacrez régulièrement du temps à tester de nouveaux prompts et cas d'usage, même en dehors de vos besoins immédiats

- **Le partage systématique**: documentez vos découvertes et succès, créez une bibliothèque personnelle de prompts efficaces
- **L'expérimentation constante**: osez essayer des approches nouvelles, même si elles semblent contre-intuitives au premier abord
- **L'analyse réflexive**: prenez du recul régulièrement pour évaluer ce qui fonctionne et ce qui peut être amélioré dans votre utilisation

Cette démarche d'amélioration continue transforme l'adoption de Copilot d'un événement ponctuel en un processus évolutif qui s'enrichit avec le temps.

Je vous encourage également à rester connecté à l'écosystème d'apprentissage qui se développe autour de Copilot. La technologie évolue rapidement, de nouvelles fonctionnalités apparaissent régulièrement, et les meilleures pratiques s'affinent constamment. Les communautés d'utilisateurs, les groupes LinkedIn spécialisés et les webinaires constituent des ressources précieuses pour maintenir votre avantage.

L'avenir de Copilot lui-même promet d'être fascinant. Les évolutions que j'anticipe incluent:

- Une intégration plus profonde entre les différentes applications Microsoft 365
- Des capacités de contextualisation encore plus fines, comprenant mieux vos préférences et habitudes
- L'émergence d'écosystèmes de prompts partagés et optimisés par communauté professionnelle
- Des fonctionnalités de collaboration IA-humain encore plus fluides et naturelles

Ces développements ne feront qu'amplifier la valeur que vous pourrez extraire de l'outil, rendant votre investissement actuel d'apprentissage encore plus précieux avec le temps.

Au-delà des aspects techniques, je vous invite à réfléchir à l'impact plus large de cette transformation sur votre rôle professionnel. Quelles tâches pouvez-vous désormais déléguer à Copilot, libérant du temps pour des activités à plus forte valeur ajoutée? Comment cette libération cognitive peut-elle vous permettre de repenser votre contribution unique? Ces questions stratégiques méritent votre attention au moins autant que la maîtrise technique de l'outil.

Je crois profondément que nous vivons un moment charnière dans l'évolution du travail intellectuel. Les professionnels se divisent progressivement en deux catégories: ceux qui embrassent ces outils pour augmenter leurs capacités et ceux qui restent attachés aux méthodes traditionnelles. Cette bifurcation créera inévitablement des écarts de productivité et d'impact qui se refléteront dans les trajectoires de carrière.

Votre décision d'explorer activement Copilot vous place déjà dans le premier groupe. Les compétences que vous avez développées à travers ce guide représentent un avantage compétitif significatif dans un monde professionnel en rapide évolution. Mais cet avantage n'est pas statique; il nécessite un engagement continu dans l'apprentissage et l'expérimentation.

Qu'allez-vous faire demain avec Copilot que vous n'avez pas encore essayé? Quelle tâche chronophage pourriez-vous transformer? Quel projet ambitieux, jusqu'alors intimidant par son ampleur, pourriez-vous maintenant envisager? Ces questions pratiques constituent votre prochaine frontière d'exploration.

Je vous encourage à vous fixer des objectifs concrets pour les prochaines semaines:

- Identifiez trois tâches récurrentes que vous n'avez pas encore optimisées avec Copilot
- Mesurez précisément le temps que vous consacrez actuellement à ces activités

- Appliquez les techniques appropriées de ce guide pour les transformer
- Documentez les gains obtenus, tant quantitatifs que qualitatifs

Cette approche méthodique garantira une progression continue dans votre maîtrise de l'outil et maximisera votre retour sur investissement.

Si je devais résumer l'essence de ce guide en une phrase, ce serait: l'IA n'a de valeur que par les résultats concrets qu'elle génère dans votre quotidien. Cette philosophie pragmatique a guidé chaque page, chaque exemple, chaque prompt que j'ai partagé avec vous. Elle traduit ma conviction que la technologie doit servir des objectifs business tangibles, pas simplement impressionner par sa sophistication.

Votre parcours avec Copilot ne fait que commencer. Les fondations que nous avons posées ensemble vous permettront d'explorer avec confiance ce nouveau territoire, d'y tracer vos propres chemins et d'en exploiter pleinement le potentiel. Comme tout outil puissant, sa valeur réelle se révélera dans la singularité de votre utilisation, adaptée à vos défis spécifiques et à votre contexte unique.

La transformation digitale assistée par IA n'est pas une destination mais un voyage continu. Chaque nouvelle fonctionnalité, chaque amélioration de modèle, chaque évolution de l'interface ouvrira de nouvelles possibilités. Votre curiosité et votre approche expérimentale seront vos meilleurs atouts pour naviguer dans ce paysage en constante évolution.

Je vous laisse maintenant poursuivre cette aventure avec Copilot, équipé des outils pratiques, des méthodes éprouvées et des perspectives stratégiques que nous avons explorés ensemble. Que ce guide reste pour vous une ressource vivante, un point de référence que vous consulterez régulièrement dans votre pratique quotidienne. Les pages que vous avez parcourues ne sont pas destinées à être lues une fois puis oubliées, mais à devenir un compagnon de route dans votre adoption progressive de l'IA générative.

Le véritable test de la valeur de ce livre ne se trouve pas dans ses pages, mais dans les transformations concrètes qu'il catalysera dans votre travail quotidien. J'espère sincèrement qu'il vous accompagnera efficacement dans cette nouvelle ère où l'intelligence humaine et artificielle collaborent pour créer une valeur sans précédent.

REMERCIEMENTS

Ce livre est né d'une conversation avec un client qui m'a dit, frustré : "J'ai payé pour Copilot mais je ne sais pas par où commencer." Ce moment a cristallisé une mission personnelle : transformer la complexité technique en valeur quotidienne accessible. Chaque cas d'usage dans ces pages reflète un défi réel rencontré lors de mes formations.

Ma gratitude va d'abord à tous ces professionnels qui m'ont partagé leurs doutes, victoires et questions sur Copilot. Vos expériences ont façonné chaque exemple de ce guide.

Merci à ma famille pour leur patience pendant les longues heures d'écriture et d'expérimentation avec Copilot. Votre soutien inconditionnel rend tout possible.

Si ce livre vous a aidé, j'aimerais connaître votre propre cas d'usage préféré. Partagez votre expérience Copilot dans un commentaire ou une évaluation. Vos retours nourriront peut-être la prochaine édition de ce guide pratique.

Jérôme Garcia